3

ESO

Impulso

Educación física

N. Ayuso, D. Picó

TEIDE

Índice

Conoce tu libro

Los materiales de Editorial Teide responden al ideario de la nueva ley de educación (LOMLOE), que preconiza una enseñanza orientada al aprendizaje autónomo, competencial, significativo y reflexivo. Es decir, a la voluntad de formar personas que tengan capacidad de decidir, dispuestas a emprender proyectos y dar respuestas a nuevos retos.

Cada manual incluye actividades de aprendizaje sistemático y actividades de aprendizaje competencial específico, complementadas con retos que inciden en la consecución de las competencias transversales y específicas a partir de diferentes situaciones de aprendizaje.

Sabemos que el alumnado es el protagonista del aprendizaje, pero también somos conscientes de la importancia que tiene la información y su diversidad de niveles de profundización, soportes y expectativas para que pueda transformarse en conocimiento... A tal efecto, los materiales de Editorial Teide incorporan una licencia digital que da acceso a distintos perfiles de contenidos para que todos los alumnos conviertan los saberes básicos, aprendidos y adquiridos, en competencias.

Cómo se estructura el libro

La distribución de las unidades que proponemos pretende desarrollar fielmente el currículo de la etapa respetando sus objetivos en torno a cinco bloques de saberes: Vida activa y saludable; Organización y gestión de la actividad física; Resolución de problemas en situaciones motrices; Autorregulación emocional e interacción social en situaciones motrices; Interacción eficiente y sostenible con el entorno.

▷ Algunas unidades seleccionadas se inician con una página introductoria del reto. A través de este reto se vehiculará el logro y la evaluación de las competencias específicas.

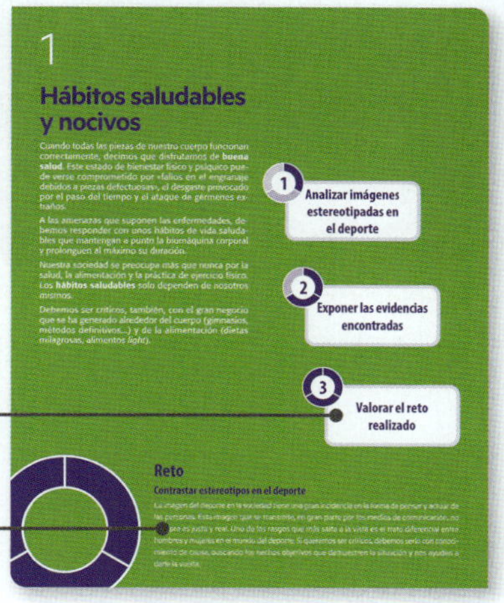

enumeración de las tareas del reto

introducción al reto

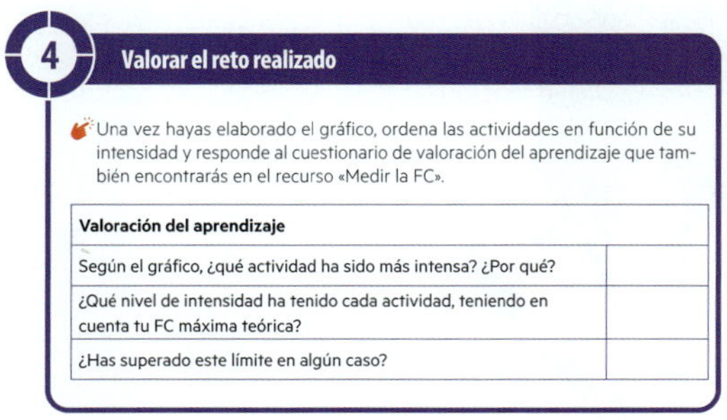

4 Valorar el reto realizado

Una vez hayas elaborado el gráfico, ordena las actividades en función de su intensidad y responde al cuestionario de valoración del aprendizaje que también encontrarás en el recurso «Medir la FC».

Valoración del aprendizaje	
Según el gráfico, ¿qué actividad ha sido más intensa? ¿Por qué?	
¿Qué nivel de intensidad ha tenido cada actividad, teniendo en cuenta tu FC máxima teórica?	
¿Has superado este límite en algún caso?	

◁ A lo largo de la unidad hallaremos las tareas que nos permitirán superar el reto. Estas tareas conceden el protagonismo del aprendizaje al alumnado, potenciando la toma de decisiones y el trabajo colaborativo.

▷ Al final de la unidad, hallaremos una página que nos servirá para cerrar el reto y para que el alumnado lleve a cabo tareas de autoevaluación y coevaluación. Se pretende, además, la consecución de aprendizajes significativos que tengan un impacto positivo y duradero en la formación del alumnado.

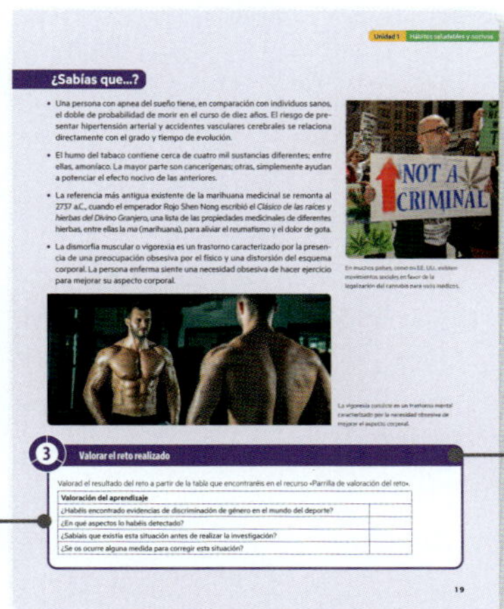

tareas de cierre del reto

herramientas de autoevaluación y coevaluación

Bloque 1

Vida activa y saludable

El cuerpo humano es una máquina casi perfecta que nos permite realizar los más diversos movimientos. Tenemos que conocerlo para aprender a cuidarlo y sacar de él el máximo rendimiento.

Un corazón sano, una dieta y unos hábitos saludables son factores que nos permitirán vivir más tiempo y mejorar nuestra calidad de vida. Además, todo ello nos ayudará a realizar nuestras labores diarias con mayor eficacia.

A los deportistas, conocer a fondo su cuerpo y trabajarlo correctamente les sirve para ir mejorando sus marcas y destacar en sus especialidades deportivas. Pero esto no es tan importante como el cuidado personal del cuerpo en beneficio de la salud.

Unidades

1. Hábitos saludables y nocivos

2. Alimentación equilibrada

3. La resistencia

4. La flexibilidad

5. La postura corporal

Retos

Contrastar estereotipos en el deporte

Medir nuestra frecuencia cardíaca

Comer bien y hacer ejercicio es la clave para gozar de buena salud.

1

Hábitos saludables y nocivos

Cuando todas las piezas de nuestro cuerpo funcionan correctamente, decimos que disfrutamos de **buena salud**. Este estado de bienestar físico y psíquico puede verse comprometido por «fallos en el engranaje debidos a piezas defectuosas», el desgaste provocado por el paso del tiempo y el ataque de gérmenes extraños.

A las amenazas que suponen las enfermedades, debemos responder con unos hábitos de vida saludables que mantengan a punto la biomáquina corporal y prolonguen al máximo su duración.

Nuestra sociedad se preocupa más que nunca por la salud, la alimentación y la práctica de ejercicio físico. Los **hábitos saludables** solo dependen de nosotros mismos.

Debemos ser críticos, también, con el gran negocio que se ha generado alrededor del cuerpo (gimnasios, métodos definitivos...) y de la alimentación (dietas milagrosas, alimentos *light*).

1 Analizar imágenes estereotipadas en el deporte

2 Exponer las evidencias encontradas

3 Valorar el reto realizado

Reto

Contrastar estereotipos en el deporte

La imagen del deporte en la sociedad tiene una gran incidencia en la forma de pensar y actuar de las personas. Esta imagen que se transmite, en gran parte por los medios de comunicación, no siempre es justa y real. Uno de los rasgos que más salta a la vista es el trato diferencial entre hombres y mujeres en el mundo del deporte. Si queremos ser críticos, debemos serlo con conocimiento de causa, buscando los hechos objetivos que demuestren la situación y nos ayuden a darle la vuelta.

1. Salud y condición física

El mantenimiento de una buena condición física se basa en una dieta equilibrada y en el ejercicio físico.

Según la OMS (Organización Mundial de la Salud), la **salud** «es un estado completo de bienestar tanto físico y mental como espiritual, condición en la que el individuo tiene suficiente energía y vitalidad para llevar a cabo las tareas diarias y le sobra energía para las actividades recreativas».

El correcto funcionamiento de los sistemas del organismo nos permite vivir plenamente. La capacidad del organismo para desarrollar suficiente energía y vitalidad es lo que denominamos **condición física.**

Recordemos los factores que inciden en una buena condición física y que trabajamos en el Primer Ciclo.

Si los tenemos en cuenta e intentamos mantener una vida sana y ordenada, nuestra condición física y nuestra calidad de vida alcanzarán un nivel alto.

2. Hábitos, rutinas y costumbres

Tener una vida sana consiste en llevar a cabo prácticas que favorezcan al organismo, como no fumar, seguir una alimentación equilibrada, hacer ejercicio, etc.

La niñez y la adolescencia son las etapas ideales para establecer hábitos en el día a día. Los hábitos se incorporan mediante la práctica continuada y, con el tiempo, se vuelven naturales. Algunos estudios aseguran que son necesarios veintiocho días para que una práctica se convierta en hábito y pueda mantenerse durante años; otros estudios, sin embargo, afirman que el tiempo necesario para que un hábito se convierta en automatismo es más del doble (sesenta y seis días).

Las rutinas sirven tanto para hábitos saludables relacionados con la alimentación como para el ejercicio físico. Un ejemplo de ello es comer una pieza de fruta a media mañana o para merendar. De esta forma aseguramos la ingesta mínima diaria de fruta.

¡La población infantil permanece ante la televisión, el ordenador o la *tablet* de dos a tres horas al día! Si introducimos la práctica de una actividad deportiva que nos guste de forma habitual, huiremos del sedentarismo y tendremos una vida activa. Hacer ejercicio al aire libre es una buena manera de empezar. Si creemos que debemos comer bien, hacer actividad física, beber más agua, etc., tenemos que pensar en el día a día y cambiar las rutinas. ¡Fijemos una fecha y no busquemos excusas!

i

Las estadísticas señalan que es en el periodo de la adolescencia cuando más a menudo se empieza a fumar y a tomar bebidas alcohólicas. ¡Ten cuidado! En esas edades aún no se ha tomado conciencia de las consecuencias de esas adicciones.

i

Los buenos hábitos mejoran la calidad de vida. Los hábitos nocivos (vicios) a menudo son difíciles de eliminar.

3. Los hábitos saludables y los sistemas y aparatos

El cuerpo humano está formado por billones de células. Estas células se agrupan en tejidos, órganos, sistemas y aparatos relacionados entre sí, y si funcionan correctamente, decimos que la persona goza de buena salud.

Cada célula de nuestro cuerpo necesita el **oxígeno** que respiramos y los **nutrientes** que ingerimos. Gracias a la coordinación entre los sistemas y aparatos del organismo –locomotor (muscular y óseo), respiratorio, digestivo, circulatorio, nervioso, reproductor, endocrino y excretor– nuestro cuerpo funciona de manera perfecta, como una biomáquina.

El funcionamiento saludable y el bienestar de nuestra biomáquina pueden complicarse a causa del paso del tiempo, de las enfermedades o por hacer un mal uso de ella. Los **hábitos saludables** pueden mantener la biomáquina a punto y prolongar su duración al máximo.

En las tablas siguientes, se indican cuáles son los **hábitos** importantes que deberíamos adoptar para el desarrollo y la prevención de los aparatos y sistemas de órganos que forman nuestro cuerpo.

> i
> La coordinación entre los sistemas y los aparatos de nuestro organismo permite que el cuerpo humano tenga vida y funcione.

> i
> Mantener hábitos saludables es cosa de cada uno. Como todo en la vida, hay que planificar y ser conscientes de lo que necesitamos.

Para la buena salud del sistema locomotor...	... podemos incorporar a nuestra vida los siguientes hábitos saludables:
El **aparato locomotor** hace posible el movimiento humano. Está formado por el **sistema osteoarticular** (huesos y articulaciones) y por el **sistema muscular**. 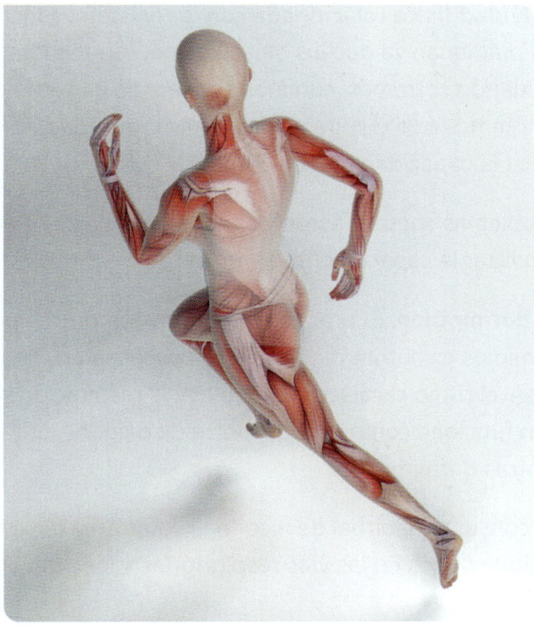	• **Practicar actividad física** continuadamente con ejercicios que tengan componentes de **fuerza**, **resistencia** y **flexibilidad**. Los músculos, tendones y ligamentos se fortalecen y se protegen las articulaciones y los huesos, lo que hace reducir la aparición de dolores, molestias y lesiones. El estímulo sobre el hueso lo hace más resistente (y previene, así, la osteoporosis). • **Seguir una buena alimentación:** el equilibrio entre proteínas, hidratos, grasas y vitaminas participa en el desarrollo y mantenimiento del cuerpo, además de evitar el exceso de peso. • **Ingerir agua** es imprescindible. Los tendones, la fibra muscular y los huesos deben estar bien hidratados para minimizar el riesgo de lesión. • **Descansar:** durante las horas de sueño se desarrollan funciones de crecimiento (mientras dormimos, segregamos la hormona del crecimiento) y recuperación imprescindibles para los huesos, músculos y articulaciones. Conseguimos la relajación de las articulaciones. • Mantener **posturas correctas.**

Para la buena salud del sistema cardiovascular y circulatorio...	... podemos incorporar a nuestra vida los siguientes hábitos saludables:
El **sistema cardiovascular** tiene la función de transportar la sangre a todas las partes del cuerpo. Recordemos que la sangre aporta al organismo el oxígeno que respiramos y los nutrientes que ingerimos. Está formado por el **corazón**, la **sangre** y los **vasos sanguíneos**. 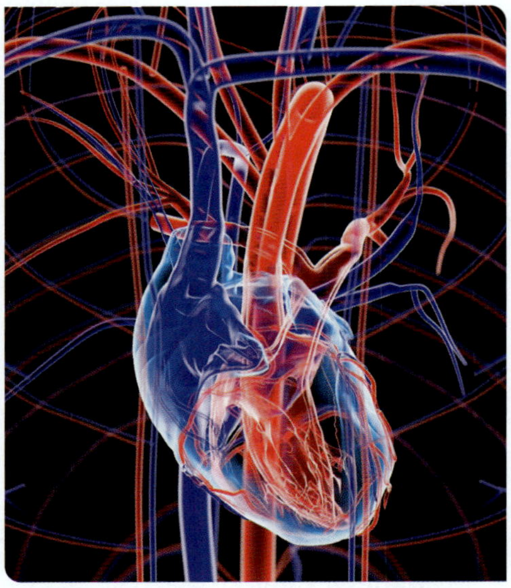	**Practicar ejercicio**, al menos treinta minutos al día. Deben ser ejercicios que provoquen adaptaciones del corazón ante el esfuerzo, es decir, aceleración de las pulsaciones. Caminar, correr, nadar, ir en bicicleta y realizar ejercicios de flexibilidad y fuerza favorecen la circulación sanguínea. **Seguir una buena alimentación:** el control del colesterol y de la ingesta de determinadas grasas es decisivo para reducir el riesgo cardiovascular y para evitar el exceso de peso que a menudo va asociado al aumento de la presión arterial. Una mala alimentación se caracteriza por un consumo elevado de alimentos precocinados y bollería, que tienen un alto contenido en grasas, y por la falta del consumo de productos frescos, frutas y verduras. **Ingerir 2 litros de agua diarios** mejora el sistema circulatorio. Hay que tener en cuenta que muchos alimentos contienen una gran cantidad de agua. **Descansar y dormir bien.** Cuando descansamos, el ritmo cardiaco disminuye y la respiración se relaja. La respiración funciona como un transporte de oxígeno, que es más efectivo mientras dormimos. **Evitar el tabaco**, ya que favorece la arteriosclerosis (las arterias se vuelven rígidas y gruesas, de manera que dificultan la circulación sanguínea), sobre todo en las grandes arterias.

Para la buena salud del aparato respiratorio...	... podemos incorporar a nuestra vida los siguientes hábitos saludables:
El **aparato respiratorio** se encarga de aportar el oxígeno que necesitamos para vivir y expulsar el dióxido de carbono que genera nuestro cuerpo. Está formado por las **vías respiratorias**, los **pulmones** y el **diafragma**. 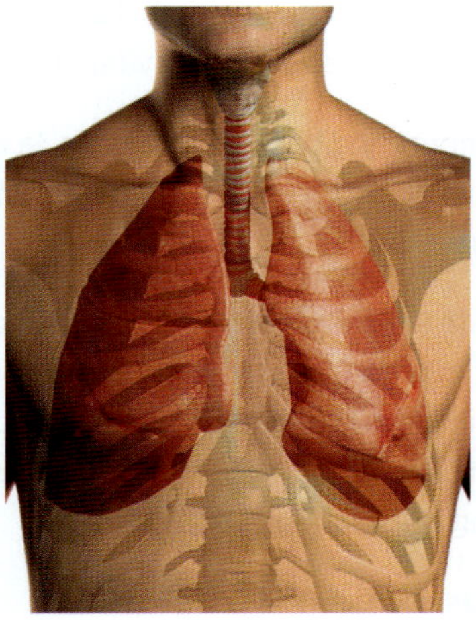	• **Practicar actividad física relacionada con la resistencia** incrementa la ventilación pulmonar, ya que los músculos necesitan más cantidad de oxígeno. Cuando corremos, subimos escaleras o caminamos por la montaña, notamos que respiramos con más intensidad; así incrementamos la capacidad respiratoria. • En ciertos problemas como el **asma** y algunas **alergias**, el ejercicio ayuda a normalizar la capacidad respiratoria. • **Descansar y dormir bien.** El proceso de respiración que se produce mientras dormimos es automático. Cuando descansamos y dormimos bien, el ritmo cardiaco disminuye y la respiración se relaja. La respiración funciona como un transporte de oxígeno, que es más efectivo mientras dormimos. • **No fumar.** El consumo habitual de nicotina, alquitrán y dióxido de carbono ocasiona daños en las vías respiratorias y los pulmones.

Para la buena salud del sistema nervioso…	… podemos incorporar a nuestra vida los siguientes hábitos saludables:
El **sistema nervioso** se encarga de activar la actuación del organismo. Una de las principales funciones es la dirección y el control del movimiento. Está formado por el **cerebro**, la **médula espinal** y los **nervios**. 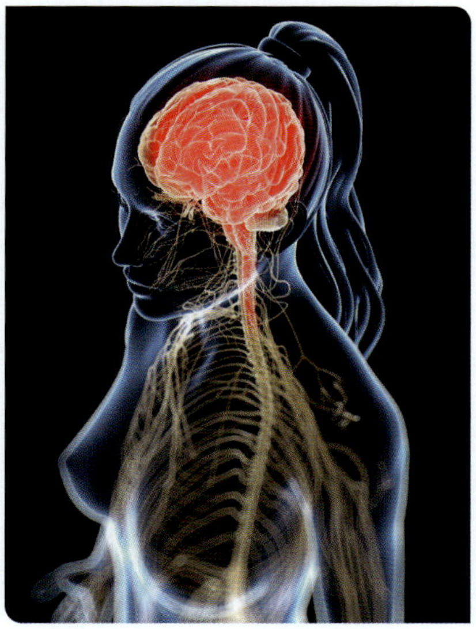	• **Practicar actividad física** relacionada con la **fuerza**, la **coordinación**, la **velocidad** y el **equilibrio**. En general, todas las acciones musculares se rigen por el sistema nervioso; por tanto, cuantas más coordinaciones se exijan más se activará. • **Seguir una alimentación equilibrada** que nos aporte los nutrientes necesarios. • **Ejercitar la memoria.** No dejar de trabajar nunca el cerebro, mantener una actividad mental intensa: leer, estudiar, cultivar aficiones… • **Evitar el estrés.** Establecer relaciones afectuosas y saludables es la base de una vida tranquila en sociedad. Las emociones positivas de amor, tolerancia y alegría generan tranquilidad en el cerebro y en el sistema nervioso. • **No consumir tabaco**, **alcohol ni drogas**, pues afectan el funcionamiento del sistema nervioso.

Para la buena salud del sistema digestivo…	… podemos incorporar a nuestra vida los siguientes hábitos saludables:
El **sistema digestivo** es el encargado de transformar los alimentos en sustancias nutritivas simples que pasan a la sangre y se transforman en energía. Está formado por la **boca**, el **esófago**, el **estómago**, los **intestinos**, el **recto** y el **hígado**. 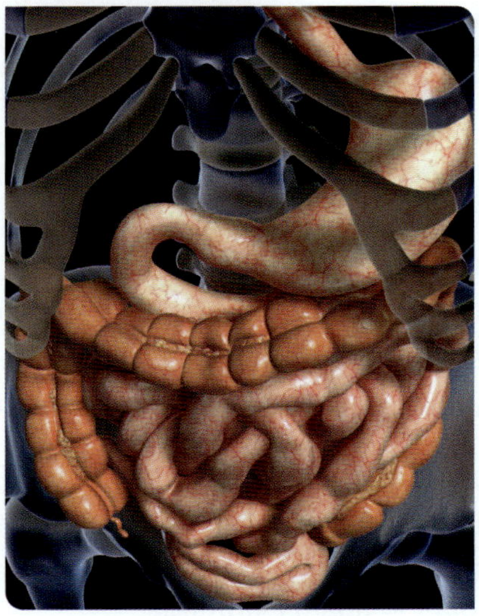	• **Respetar los buenos hábitos alimentarios:** no comer fuera de horas para no someter al aparato digestivo a un trabajo continuo; masticar despacio, y consumir alimentos con la cantidad suficiente de fibra a fin de favorecer el movimiento intestinal y prevenir el estreñimiento. • **Hacer ejercicio** para evitar el estreñimiento. • **Evitar el tabaco**, ya que favorece la aparición de cáncer de labio, boca y estómago. • **Evitar el exceso de bebidas alcohólicas**, ya que su consumo puede provocar cáncer de estómago y de esófago, y lesiones irreversibles en el hígado y el páncreas.

4. Hacer ejercicio como hábito

¿Te has parado a pensar si tienes una vida sedentaria?

La siguiente tabla te ayudará a analizar cuántas horas diarias dedicas a la actividad física.

En las celdas pequeñas podemos ver las veinticuatro horas del día. De color azul hemos marcado las horas que los adolescentes suelen estar sentados (sin contar los días en que hay clase de Educación física) y, de rojo, el resto de horas que quedan del día.

Analiza y escribe qué haces en estas siete horas libres que tienes al día:

- ¿Compensas las catorce o dieciséis horas de inactividad?
- ¿Realizas algún tipo de actividad física diariamente (aunque sea el desplazamiento al instituto caminando)?
- ¿Haces alguna actividad física durante el fin de semana?

<table>
<tr><th colspan="24">1 día (24 horas)</th></tr>
<tr><th colspan="16">16 horas de baja actividad física o inactividad física</th><th colspan="8">7 horas libres</th></tr>
<tr><td>1</td><td>2</td><td>3</td><td>4</td><td>5</td><td>6</td><td>7</td><td>8</td><td>9</td><td>10</td><td>11</td><td>12</td><td>13</td><td>14</td><td>15</td><td>16</td><td>17</td><td>18</td><td>19</td><td>20</td><td>21</td><td>22</td><td>23</td><td>24</td></tr>
<tr><td colspan="9">8 a 9 horas tendido (durmiendo).</td><td colspan="6">5 a 6 horas sentado en el instituto (excepto los días que tienes Educación física + los patios).</td><td>1 h</td><td colspan="8">¿Realizas actividad física que compense la inactividad de la vida de estudiante?</td></tr>
<tr><td colspan="9"></td><td colspan="7"></td><td colspan="8"></td></tr>
</table>

Si no hacemos actividad física durante una hora cada día, podemos incorporar pequeños cambios en las rutinas para ser menos sedentarios: recorrer a pie los trayectos que normalmente realizamos en coche, subir escaleras en lugar de coger el ascensor o incorporar la práctica de ejercicio físico de manera coherente y planificada a nuestra vida e integrarla como **hábito**. De este modo, todos los aparatos del organismo crecerán y se mantendrán en mejores condiciones.

A continuación, podemos observar la pirámide de la actividad física. En la base se encuentran las actividades que deberíamos practicar cada día, como mínimo de treinta a sesenta minutos, y en los distintos niveles se sitúan las actividades recomendadas para disfrutar de una vida activa y saludable.

1 Analizar imágenes estereotipadas en el deporte

Existen colectivos que se ocupan del tema que hemos expuesto en la introducción del reto. A partir de su experiencia, han redactado un decálogo de buenas prácticas para corregir aspectos que discriminan el trato de la mujer en el ámbito del deporte.

- Agrupaos por parejas y elegid, con la ayuda del profesor o profesora, una de las propuestas que encontraréis en el recurso «Decálogo de buenas prácticas». Intentad no repetir la propuesta de otras parejas. Buscad ejemplos de incumplimientos de la recomendación que justifiquen su inclusión en el decálogo. Anotad estos ejemplos y todos los datos que podáis: dónde se produjo, en qué circunstancias, en qué deporte, cómo se resolvió, etc.

5. Hábitos nocivos y actividades poco saludables

El consumo de tabaco y drogas, el abuso del alcohol y de las grasas, y no respetar las horas de descanso son prácticas que, si se hacen de manera habitual, empeoran la calidad de vida y la salud.

En un contexto madurativo como el de los adolescentes, son muchas las dificultades potenciales que pueden sobrevenir, como los embarazos no deseados, el consumo de drogas, el fracaso escolar, la conducta violenta y el consumo de bebidas alcohólicas, algunas veces en cantidades elevadas.

El tabaco

El consumo del tabaco es considerado por la OMS como la principal causa previsible de enfermedad y muerte prematura en los países desarrollados.

Efectos del tabaco sobre la salud

Son bien conocidos los efectos del tabaco sobre el organismo, tanto en el aparato respiratorio como en el cardiovascular, así como los cánceres derivados de su consumo. La imagen más clara la podemos ver en los pulmones ennegrecidos de un fumador.

A la izquierda, imagen generada por ordenador de unos pulmones sanos. A la derecha, recreación de los pulmones de un fumador.

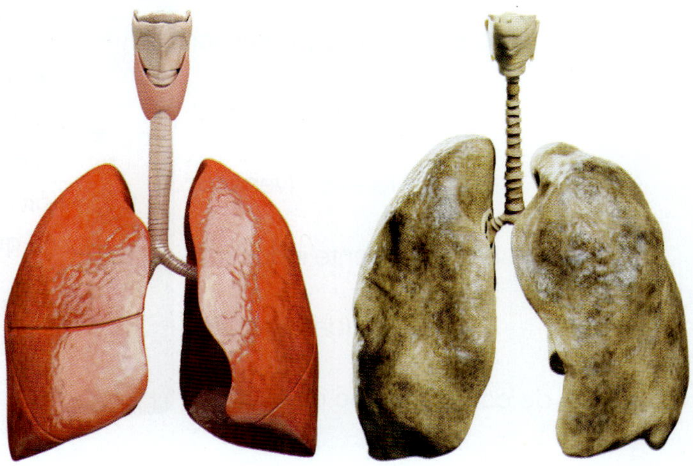

El humo del cigarrillo puede perjudicar también a la gente de nuestro entorno (fumadores pasivos).

- Los fumadores corren un riesgo elevado de sufrir infarto de miocardio y cáncer de pulmón.
- Los fumadores tienen la capacidad respiratoria reducida y, a la larga, una alta probabilidad de sufrir enfermedades respiratorias como, por ejemplo, el enfisema pulmonar.
- Fumar puede provocar halitosis (mal aliento), pérdida del gusto, cambio de color de los dientes y mal olor corporal.

Iniciación del fumador

Aunque el consumo de tabaco ha disminuido considerablemente desde principios de siglo, son muchos los chicos y chicas de entre trece y dieciséis años que empiezan a fumar.

Desde el momento en que decide iniciarse o probar el primer cigarrillo hasta llegar al estado final de dependencia, el fumador pasa por varias etapas. La mayoría de fumadores comienzan a serlo antes de alcanzar los dieciocho años, y ya conocen los efectos negativos del tabaco sobre la salud. El proceso se produce entre los doce y los dieciséis años, es decir, la etapa correspondiente a la ESO, y la máxima incidencia se sitúa en los dieciséis años.

- **La industria del tabaco** conoce cuáles son los puntos débiles de quien se inicia en el consumo de tabaco e idea **publicidad** que asocia el hecho de fumar a modelos o estereotipos de carácter seductor o sensual, o como símbolo de transgresión contra los mensajes preventivos.
- Otra razón que incita a ser fumador es por la importancia que se da a **formar parte del grupo** al que se quiere pertenecer con este tipo de hábitos y actitudes.
- Una tercera razón es que se considera el hecho de fumar como un **rito de iniciación a la edad adulta** (querer ser mayor) y abandono de la infancia, por el que se accede a todo un mundo mitificado, el de los mayores.

Etapas del fumador

A pesar de que las **primeras experiencias** no suelen ser muy satisfactorias, si el consumo de tabaco continúa, el refuerzo social inmediato hace que aumente esa conducta, el poder adictivo de la nicotina acelera el proceso y el consumo de tabaco se dispara, con lo que se pierde salud y dinero.

Una vez se está habituado al tabaco, se integra en el estilo de vida y se convierte en un hábito nocivo. Cuando se fuma por placer y por el malestar que produce la ausencia del tabaco, podemos hablar de **dependencia**.

El cannabis, los porros

El cannabis o la marihuana es una planta que posee más de cuatrocientos componentes que actúan principalmente en el sistema nervioso. Históricamente, se utilizaba para fines religiosos (fiestas religiosas), recreativos y medicinales, y actualmente también tiene esta vertiente medicinal (para mitigar el dolor que provocan enfermedades como el glaucoma, el cáncer…).

En la adolescencia, el cerebro se encuentra en proceso de maduración, tanto desde el punto de vista físico como emocional; por ello es mucho más susceptible al cannabis que el cerebro de una persona adulta.

El uso persistente de marihuana daña de forma duradera la inteligencia, la memoria y la capacidad de atención; y en los adolescentes estos efectos son aún más acusados.

La pubertad es un periodo de desarrollo crítico, que se caracteriza por la maduración de las neuronas y los sistemas de neurotransmisión, y por procesos de reorganización que hacen especialmente vulnerable el cerebro adolescente.

Plantación ilegal de cannabis.

El alcohol

El consumo de bebidas alcohólicas es una de las conductas de riesgo más común entre los adolescentes. Las bebidas alcohólicas pueden generar numerosos trastornos de salud y otros problemas asociados, como accidentes de tráfico, violencia, sexo sin protección, etc.

Mientras que el adulto bebe con más regularidad, lo hace en grupo y solo a veces, el joven lo suele hacer concentrado en el tiempo de diversión y en el marco del grupo de amigos.

Efectos del alcohol sobre la salud a corto plazo

- **En el cerebro y el sistema nervioso:**
  - Afecta negativamente a las emociones (cambios repentinos de humor), los procesos de pensamiento y el juicio. Si la ingesta de alcohol continúa, se altera el control motor y se produce la mala pronunciación al hablar, reacciones más lentas y pérdida del equilibrio.
  - Provoca trastornos del sueño.
- **En el corazón y el aparato circulatorio:**
  - Hace aumentar la actividad cardiaca. A veces, se recomienda la ingesta de alcohol en pequeñas cantidades.
- **En el aparato digestivo:**
  - Las molestias gástricas son debidas a erosiones en las mucosas producidas por el etanol. El ardor estomacal será más agudo si se han mezclado diferentes bebidas o combinados, ya que la irritación gástrica es consecuencia de todos los componentes bebidos.

Una conductora efectúa un test de alcoholemia antes de conducir.

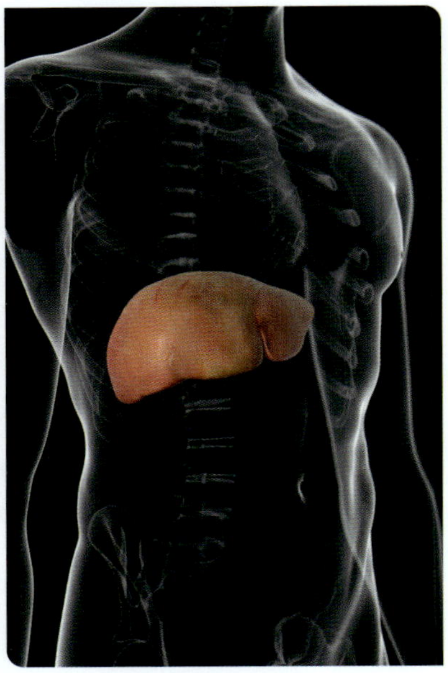

El exceso de alcohol puede perjudicar gravemente nuestro hígado.

- El órgano encargado de metabolizar el alcohol es **el hígado**. Este proceso es lento y no está exento de daños.
- Altera la función del **riñón**: provoca deshidratación y hace que tome agua de otros órganos como el cerebro, lo que genera dolor de cabeza.
- El alcohol aporta abundantes calorías (7 kcal por gramo de alcohol) con escaso valor nutritivo. Engorda.

Efectos del alcohol sobre la salud a largo plazo

- **En el cerebro y el sistema nervioso:**
  - Daña las células cerebrales, así como los nervios periféricos, de manera irreversible.
  - Produce la pérdida progresiva de memoria y de otras capacidades mentales.
- **En el corazón y el aparato circulatorio:**
  - En dosis elevadas, aumenta la presión sanguínea (hipertensión) y produce daños en el músculo cardiaco por sus efectos tóxicos.
  - Debilita la musculatura cardiaca y, por tanto, la capacidad para bombear sangre.
- **En el hígado:**
  - Para adaptarse a la sobrecarga metabólica, la célula hepática se acaba irritando con el tiempo, lo que puede degenerar en hepatitis y, más tarde, en cirrosis hepática.

La adicción al alcohol suele iniciarse a una edad temprana.

Iniciación a la bebida

La iniciación a la bebida suele ser temprana (catorce-dieciséis años) y a menudo va relacionada con la investigación de los efectos psicoactivos: liberarse de las presiones y obligaciones semanales. Se comienza con la cerveza y con el botellón para pasar a la mezcla de bebidas.

El consumo excesivo de alcohol suele provocar un cuadro de malestar general al día siguiente que se conoce popularmente como resaca.

Dormir poco

Cuando dormimos, el ritmo cardiaco se reduce, la presión sanguínea decae y la respiración se hace lenta y constante. Los músculos se relajan y la actividad del cerebro disminuye. Al finalizar el día, el cuerpo necesita del sueño para que se produzca la regeneración celular. En definitiva, tiene lugar una importante función restauradora del organismo.

En la adolescencia, el sueño sigue siendo una actividad biológica primordial. Esto no quiere decir que sea menos importante en etapas posteriores, pero durante el descanso nocturno tiene lugar un fenómeno fisiológico decisivo en la maduración humana: **la liberación de la hormona del crecimiento**.

Debemos tomar conciencia de que descansar por la noche no es secundario, ni se debe sustituir por otras actividades. Los humanos funcionamos a menudo por hábitos; por ello, si hay problemas de insomnio, es necesario seguir unas pautas para conseguir un descanso adecuado.

Cuántas horas de sueño son necesarias

Como media, es necesario dormir ocho horas, pero el organismo en crecimiento del adolescente requiere alrededor de nueve a diez horas de sueño diario para poder recuperarse y responder satisfactoriamente a los reclamos del estudio y de la vida social. Cuando nos recuperamos de una enfermedad o lesión, también necesitamos dormir más.

Fases del sueño

El sueño tiene varias fases. Si dormimos ocho horas, tres o cuatro son de sueño profundo, dos o tres de sueño REM y una o dos de sueño ligero. El sueño REM (siglas en inglés que significan 'movimiento rápido del ojo') es el periodo en que los ojos se mueven por debajo de los párpados, como si siguieran una acción. Es en esta fase cuando se producen la mayor parte de los sueños.

Recomendaciones para descansar bien

- Dejar un rato largo entre la cena y la hora de acostarse, como mínimo una hora y media. Lo ideal es no introducir nada sólido en el estómago después de las 21 h.
- Evitar chatear, conectarse a Internet y realizar actividades estimulantes antes de ir dormir.
- Procurar que el dormitorio esté ventilado y a una temperatura adecuada.
- Evitar la ingesta de cafeína por la tarde. El té y el café son excitantes y no favorecen el sueño.
- Hacer ejercicio. La actividad física favorece el descanso y el sueño.
- Incorporar ejercicios de respiración y relajación en el caso de no poder dormir. ¡Funciona!

2 Exponer las evidencias encontradas

Exponed delante de la clase vuestra búsqueda. Incluid en la información el punto del decálogo que habéis trabajado y toda la información que hayáis recogido sobre los incumplimientos. Podéis elegir el formato que queráis: presentación digital, vídeo, infografía, TED...

i

El tiempo del sueño es el momento en que el organismo tiende a regular y eliminar el estrés sufrido a lo largo de la jornada.

La falta de sueño puede perjudicar nuestro rendimiento escolar.

Efectos de dormir poco o mal

La falta de horas de sueño tiene consecuencias muy evidentes durante el día. Algunas de ellas son: tendencia a dormirse a todas horas, cambios repentinos de humor, tristeza, irritabilidad, actitud pesimista, y aumento del estrés y la ansiedad.

La falta de sueño provoca la disminución de la temperatura corporal basal, responsable, entre otros factores, de la constancia del ritmo cardiaco. Por tanto, en estas circunstancias se pueden observar arritmias o paros cardiorrespiratorios nocturnos.

El sueño limpia la memoria a corto plazo y deja espacio para más información. En este sentido, se ha demostrado que una noche sin dormir reduce la capacidad de asimilar conocimientos casi un 40 %. Además de las pérdidas de memoria y recuerdos, la persona se vuelve más lenta y menos precisa. Por ello, la falta de sueño puede provocar una alteración en el habla y dificultad para aprender, crear y resolver problemas.

También se han demostrado otras alteraciones importantes a largo plazo. Son la hiperalgesia o aumento de la percepción de dolor, temblores, envejecimiento precoz, agotamiento, trastornos gastrointestinales y aumento de probabilidad de contraer infecciones por afectación del sistema inmunitario.

La postura más adecuada para un correcto descanso es la de lado, tambien boca arriba. La menos indicada es boca abajo.

¿Sabías que...?

- Una persona con apnea del sueño tiene, en comparación con individuos sanos, el doble de probabilidad de morir en el curso de diez años. El riesgo de presentar hipertensión arterial y accidentes vasculares cerebrales se relaciona directamente con el grado y tiempo de evolución.
- El humo del tabaco contiene cerca de cuatro mil sustancias diferentes; entre ellas, amoníaco. La mayor parte son cancerígenas; otras, simplemente ayudan a potenciar el efecto nocivo de las anteriores.
- La referencia más antigua existente de la marihuana medicinal se remonta al 2737 a.C., cuando el emperador Rojo Shen Nong escribió el *Clásico de las raíces y hierbas del Divino Granjero*, una lista de las propiedades medicinales de diferentes hierbas, entre ellas la *ma* (marihuana), para aliviar el reumatismo y el dolor de gota.
- La dismorfia muscular o vigorexia es un trastorno caracterizado por la presencia de una preocupación obsesiva por el físico y una distorsión del esquema corporal. La persona enferma siente una necesidad obsesiva de hacer ejercicio para mejorar su aspecto corporal.

En muchos países, como en EE. UU., existen movimientos sociales en favor de la legalización del cannabis para usos médicos.

La vigorexia consiste en un trastorno mental caracterizado por la necesidad obsesiva de mejorar el aspecto corporal.

3 Valorar el reto realizado

Valorad el resultado del reto a partir de la tabla que encontraréis en el recurso «Parrilla de valoración del reto».

Valoración del aprendizaje	
¿Habéis encontrado evidencias de discriminación de género en el mundo del deporte?	
¿En qué aspectos lo habéis detectado?	
¿Sabíais que existía esta situación antes de realizar la investigación?	
¿Se os ocurre alguna medida para corregir esta situación?	

Actividades finales

a. Conceptos / Conocimientos

1. Copia el siguiente cuadro en tu libreta y escribe qué beneficios y qué anomalías comportan los siguientes hábitos y sobre qué sistema del cuerpo inciden:

Hábito	Sistema	Beneficios o anomalías
Descansar y dormir bien.		
Fumar.		
Exceso de grasas.		
Alimentación con los nutrientes necesarios: proteínas, hidratos, vitaminas, fibras, etc.		
Comer fuera de horas y desordenadamente.		
Practicar ejercicio físico.		
Beber agua.		

2. Copia el siguiente cuadro en tu libreta y completa los recuadros vacíos:

Sistema o aparato	Formado por
	huesos, articulaciones y músculos
sistema cardiovascular	
	vías respiratorias, pulmones, diafragma
sistema nervioso	
sistema digestivo	

3. Responde.

a) ¿Cómo suele iniciarse en el hábito de fumar una persona adolescente?

b) ¿Crees que la sociedad y la publicidad influyen en el hecho de fumar? Explícalo.

c) ¿Qué porcentaje de amigos de tu entorno crees que fuma como práctica habitual?

d) ¿Cómo suele iniciarse en el hábito de consumir bebidas alcohólicas una persona adolescente?

4. Copia en tu libreta y completa los enunciados siguientes:

El cannabis o marihuana actúa principalmente sobre el [redacted].

Por ello, el uso persistente de la marihuana daña [redacted], y en los adolescentes, aún más.

El órgano encargado de metabolizar el alcohol es [redacted]; por ello, la consumición de bebidas alcohólicas, con el tiempo, para adaptarse a la sobrecarga metabólica puede llegar a provocar [redacted] y más tarde [redacted].

Las bebidas alcohólicas [redacted], porque aportan muchas calorías con poco valor nutritivo.

El sueño en etapas de crecimiento y, concretamente, en la adolescencia es una actividad primordial para liberar [redacted].

5. Señala en tu libreta si los siguientes enunciados son verdaderos o falsos:

a) La niñez y la adolescencia son las etapas ideales para establecer hábitos en el día a día.

b) El organismo en crecimiento del adolescente requiere alrededor de ocho horas de sueño diario.

c) La iniciación a la bebida siempre tiene lugar en edades avanzadas.

d) Los fumadores tienen la capacidad respiratoria reducida y, a la larga, una alta probabilidad de sufrir enfermedades respiratorias.

b. Pensando en mí

6. «Los estudios dicen que son necesarios entre 1 (30 días) o 2 meses (60 días) para que una práctica se convierta en hábito y se mantenga durante años».

Piensa en ti y escribe en tu libreta una lista de tus hábitos o prácticas habituales de todo tipo, como, por ejemplo, lavarte los dientes después de cada comida. Utiliza un cuadro como el siguiente. Por último, reflexiona sobre tus hábitos nocivos y escribe cómo podrías cambiarlos o eliminarlos.

Ejemplo		
Lista general de hábitos	**Hábitos saludables**	**Hábitos nocivos**
• Lavarse los dientes después de cada comida. • Comer un cruasán o una ensaimada en la merienda.	• Lavarse los dientes después de cada comida.	• Comer un cruasán o una ensaimada en la merienda.

7. Dibuja en tu libreta la pirámide de tus actividades semanales cuando no estás en el instituto. En la base tienes que poner las actividades a las que dedicas más tiempo y en el vértice, las actividades a las que dedicas menos tiempo.

Para hacerlo correctamente, debes pensar cuántas horas dedicas diariamente a cada actividad y con qué frecuencia semanal las realizas. Por ejemplo, «Chateo con los amigos unos 30 minutos al día (sea con el ordenador o por WhatsApp)».

Una vez escritas las actividades que haces en tiempo de ocio, crea la pirámide, clasificando cada franja según el tiempo que dedicas, tal como se muestra en la pirámide del ejercicio físico de tu libro de texto. Por último, escribe qué conclusiones pueden extraerse de la pirámide.

Sin alimentación no hay vida y sin una buena nutrición no hay salud.

2

Alimentación equilibrada

#NutrirnosBien

La infancia y la adolescencia son etapas fundamentales para la adquisición y desarrollo de hábitos y pautas alimentarias. Estos hábitos condicionarán el estado nutricional en etapas posteriores de la vida. Si son adecuados, contribuirán a garantizar la salud en la edad adulta.

Es muy importante aprender a comer de forma saludable, tanto para conseguir un desarrollo físico y psíquico óptimo como para evitar posibles factores de riesgo de determinadas patologías propias de los adultos, como el sobrepeso y la obesidad.

Varios estudios epidemiológicos señalan que, muchas veces, a pesar de que la población está informada y conoce los conceptos básicos de una dieta saludable y los beneficios que aporta la realización de actividad física, esto no se traduce en una puesta en práctica de los conceptos aprendidos.

1. Los cambios que la modernidad ha provocado en nuestra dieta

En nuestro país, hasta mediados del siglo XX, la alimentación variaba a lo largo del año según los productos frescos de temporada. Las personas mantenían un buen equilibrio ecológico con la naturaleza y seguían una de las dietas más saludables: la **mediterránea**.

Hacia finales de la década de 1960, se incorporaron al mercado las nuevas industrias alimentarias que, junto con las mejoras en el transporte y la conservación de los alimentos, facilitaron muchas cosas, pero también comenzaron a alterar los hábitos en la alimentación sin que las personas fueran conscientes de ello. La comida rápida, los alimentos prefabricados y el exceso de grasas son características que se añadieron a partir de la década de 1970.

No nos volveremos a alimentar como nuestros abuelos o bisabuelos, pero ahora tenemos a nuestro alcance muchos alimentos saludables y un gran control sanitario de los productos alimenticios.

La dieta mediterránea y los alimentos frescos de temporada garantizan una alimentación sana y equilibrada.

Si estamos bien informados, podremos aprovechar las ventajas que nos ofrecen los avances tecnológicos e industriales, y utilizarlos correctamente sin provocar un efecto negativo en la salud.

Las nuevas generaciones rechazan abiertamente grupos imprescindibles de alimentos: **verduras**, **pescado** y **fruta**, sin pensar en las graves consecuencias que a la larga conlleva este rechazo.

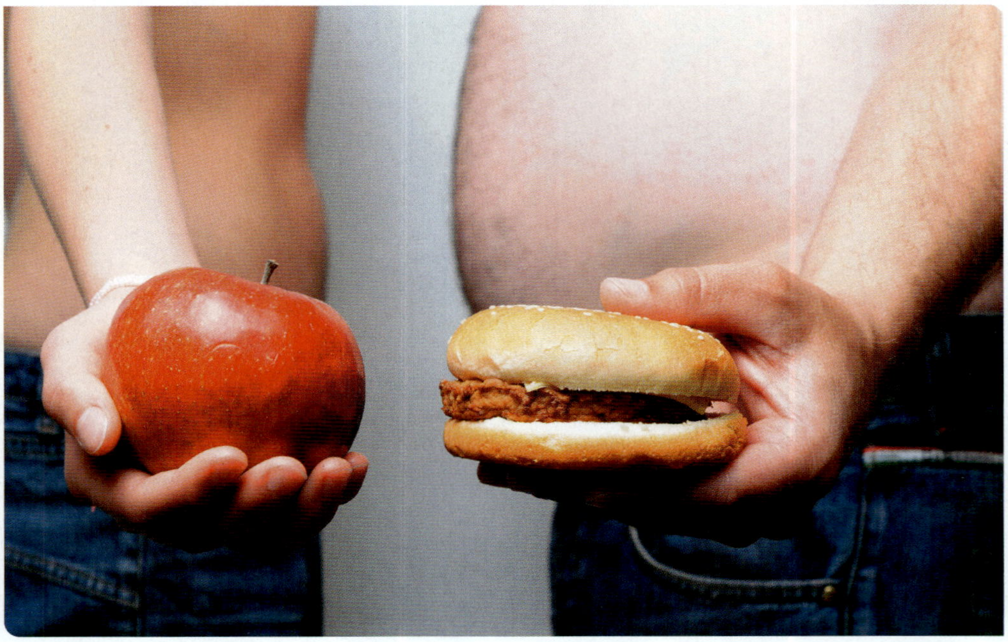

La diferencia entre llevar una dieta sana y una dieta poco equilibrada se refleja en nuestra condición física y en nuestra salud.

2. La alimentación en la adolescencia

Nuestra vida comprende diferentes periodos de crecimiento y desarrollo. Las necesidades alimentarias de una persona adulta son distintas de las de un bebé o las de un adolescente. Cada momento tiene sus características.

Nos encontramos en la etapa de los primeros caracteres sexuales y los grandes «estirones». La adolescencia es un periodo repleto de dudas, temores, cansancio y falta de concentración. El cuerpo está sometido a un estrés orgánico debido a los cambios físicos, psíquicos y sociales. Todo ello exige una buena nutrición y más energía para que se desarrolle con plenitud.

Durante la adolescencia, las defensas pueden disminuir y muchas veces se experimentan dolores musculares u óseos a causa del crecimiento: por eso es necesaria una alimentación completa y equilibrada.

Debemos ser conscientes de que, cuando acaba la adolescencia, ya no se crece más y los mayores valores de densidad o fortaleza ósea se consiguen hasta los veinticinco años.

En la adolescencia, es necesario hacer ejercicio físico y seguir una alimentación rica en calcio y magnesio para conseguir una buena reserva mineral en los huesos.

La alimentación de la mujer adolescente

Las niñas se desarrollan antes que los niños, y lo hacen en un periodo de tiempo más corto. En esta etapa de crecimiento, con la aparición de la primera regla, el organismo exige más cantidad de algunos nutrientes, como el hierro, y la disminución de otros, como las grasas y los azúcares.

i

La mejor garantía para atender las demandas del crecimiento es seguir una dieta muy variada.

Un dietista puede ayudarnos a controlar nuestro aporte energético y nuestras necesidades, especialmente durante la adolescencia.

La adolescencia es una época de cambios en la que controlar nuestra dieta es sumamente importante.

3. El equilibrio entre la ingesta y el gasto calórico diario

En la adolescencia es necesario, más que nunca, comer con un buen equilibrio nutricional. Se está en época de crecimiento y las necesidades energéticas son muy altas, más aún si se practica una actividad física.

Sin embargo, si se come mucho y mal el resultado puede ser el aumento de peso o perjudicar la salud del cuerpo. Las personas engordamos cuando ingerimos más alimentos que nuestro gasto calórico diario.

Los deportistas necesitan un aporte energético mayor, ya que su gasto de energía es superior al de una persona no deportista.

Los deportistas, a causa de su actividad física, necesitan un mayor aporte calórico.

La ingesta calórica diaria

La demanda calórica de los adolescentes es más alta que la de los adultos. La ingesta diaria de un adolescente debe situarse entre 2 500 y 3 000 kilocalorías frente a las 1500-2 000 que necesita un adulto. **No obstante, el tamaño corporal y el ejercicio determinan las necesidades de cada persona.**

Con todo, no hay que obsesionarse con los números. Hay muchos adolescentes que comen muchísimo (superan de largo las 3 000 kilocalorías) y no engordan, sino que se les ve crecer cada día y son cada vez más altos. Esto significa que la demanda de su cuerpo es muy elevada. También son frecuentes los casos de las personas que engordan con facilidad. Ante esto hay que plantear una solución sana que evite complicaciones de salud y complejos innecesarios (trataremos de ello más adelante).

> i
> El gasto calórico en reposo de una persona activa y deportista es más alto que el gasto de una persona sedentaria.

El gasto calórico diario

El porcentaje más alto de kilocalorías lo gastamos en reposo.

El siguiente gráfico nos indica cómo se consumen las kilocalorías a lo largo del día:

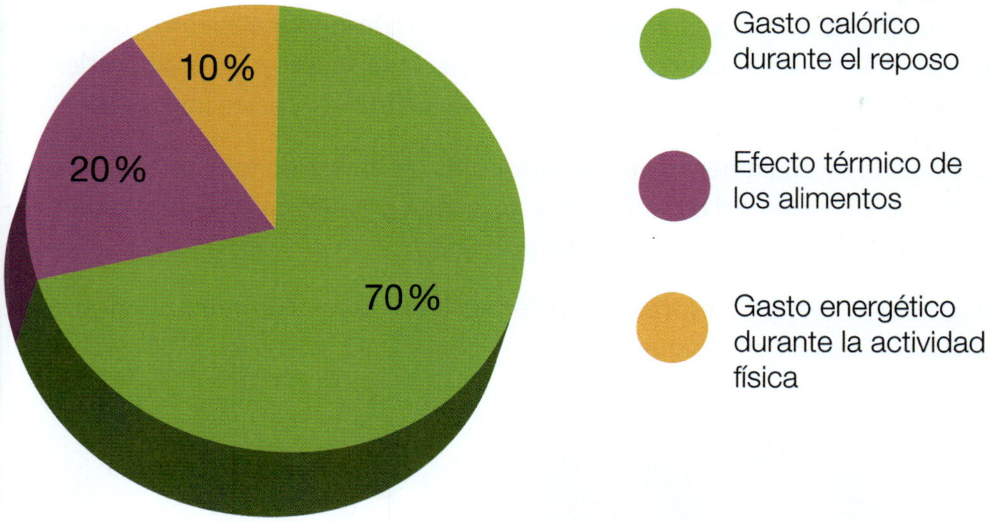

El máximo gasto calórico se hace en reposo (metabolismo basal).

Si ganamos masa muscular, nuestro gasto energético diario será más alto.

Como vemos, el mayor número de kilocalorías se quema en reposo, es decir, cubriendo las necesidades vitales. Este gasto, lo denominamos *gasto calórico en reposo* (DCR).

Para mantener las funciones vitales en funcionamiento, utilizamos el 60-75 % de la energía que gastaremos a lo largo del día. En este sentido, una masa muscular tonificada y no atrofiada consumirá más energía que la grasa, de manera que el gasto calórico en reposo de una persona activa y deportista es más alto que el de una persona sedentaria.

Y aunque con la actividad física se queman calorías, es más importante el excedente que se crea debido al aumento de la masa muscular.

Un estilo de vida sedentario y otro activo necesitan aportes calóricos diferentes.

4. Nutrientes necesarios

Los nutrientes son las sustancias que se obtienen al ingerir alimentos, de los que recibimos la energía que necesitamos. Hay seis grandes grupos de nutrientes: proteínas, hidratos de carbono, grasas, agua, vitaminas y sales minerales.

La mejor garantía para que no se produzcan carencias es seguir una **dieta variada** ingiriendo productos variados de la pirámide alimentaria.

La carencia de cualquiera de estos nutrientes repercute de forma negativa en el equilibrio y la salud del organismo. Se necesitan grandes cantidades de nutrientes para atender las demandas del crecimiento.

El equilibrio dietético entre los nutrientes inmediatos (proteínas, hidratos de carbono y grasas) es el siguiente:

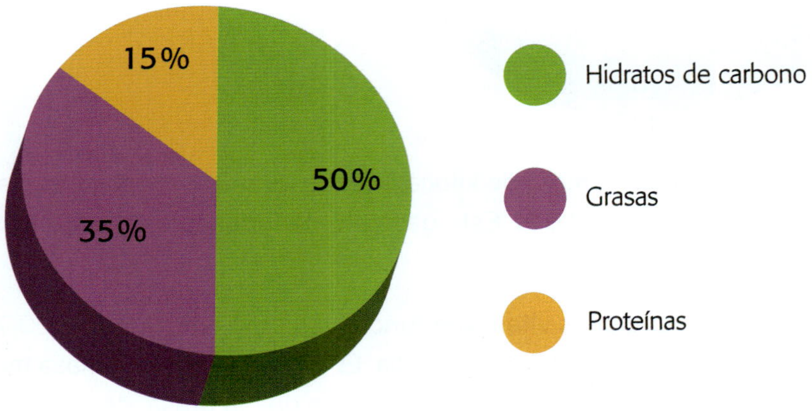

Hay que consumir verdura, fruta y pescado, pero también legumbres, carne (en menor cantidad), huevos y productos lácteos.

Debemos evitar la alimentación poco saludable con exceso de grasas saturadas (productos industriales, fritos, mantequillas y derivados), azúcares refinados (dulces) y bebidas carbonatadas.

5. Vitaminas y minerales, más necesarios en la adolescencia

Vitaminas

Todas las vitaminas son necesarias para un **buen crecimiento**, desde la vitamina A (aceites de hígado de pescado, zanahoria, angula), imprescindible para la vista y que también tiene una función antiinfecciosa, hasta las vitaminas del grupo B, pasando por la vitamina D (aceites de pescado, leche, mantequilla, huevos), esencial para la fijación del calcio.

Cabe destacar que, durante el periodo de la adolescencia, se necesita más que nunca la vitamina C (alimentos vegetales –grosellas, pimiento, brócoli...–) y, en cambio, los adolescentes consumen cada vez menos.

En estas edades es muy frecuente rechazar sistemáticamente la fruta, la ensalada y la verdura. Hay adolescentes que pueden pasar meses sin probar estos productos. Los síntomas del déficit de vitamina C son el sangrado de las encías y la aparición de hematomas en la nariz.

El calcio

Se recomienda ingerir productos lácteos y productos ricos en calcio, necesarios para una nutrición ideal del esqueleto, así como vitamina D, ya que fija este componente. Los alimentos que contienen calcio son la leche, los quesos, los calamares, las gambas, los higos secos, las levaduras, el brócoli, las almendras...

El magnesio

Los huesos necesitan magnesio. Los frecuentes dolores en las articulaciones que no son causados por enfermedad suelen desaparecer cuando la dieta se enriquece en magnesio. Los alimentos con un alto contenido de magnesio son el cacao, la soja, la levadura de cerveza, las alubias...

El hierro

Con la aparición de la menstruación, las chicas deben aumentar el consumo de alimentos ricos en hierro, acompañados de la vitamina C, que hace que se asimile mejor. Son alimentos ricos en hierro las judías, las lentejas, la levadura de cerveza, la yema de huevo, las ostras, la sardina, los hígados...

El yodo

En este periodo de maduración hormonal, la dieta debe tener niveles altos de yodo. Las hormonas tiroideas son grandes reguladoras del equilibrio corporal y hormonal, y sin yodo no se pueden fabricar. El yodo está presente en los productos del mar: algas, pescado y marisco.

6. Los nutrientes y su función

Hay tres tipos de nutrientes según su función: constructores, energéticos, y protectores o reguladores.

Nutrientes		Función
	**Constructores:** Los principales son las **proteínas**, que se encuentran en la **carne**, el **pescado**, los **huevos**, los **frutos secos**, la **leche** y sus **derivados**. También lo son las **sales minerales**, el **agua**, las **grasas** y los **hidratos de carbono**.	Son importantes para **crecer**, para **defenderse** de las infecciones y para **sustituir** las partes del cuerpo que se renuevan constantemente, como por ejemplo la piel y el cabello. Tan importante o más es la necesidad de proteínas por parte del cerebro; si no se consumen proteínas, falla la **capacidad intelectual**.
	**Energéticos:** Los más energéticos son los **hidratos de carbono**, también llamados *azúcares*, y se encuentran en el **pan**, la **pasta**, el **arroz**, los **cereales** y la **fruta**. Los **lípidos**, que también se denominan **grasas**, los encontramos en los **dulces**, las **golosinas**, los **aceites** y las **mantequillas**. Las **proteínas** también son energéticas.	Constituyen la **energía** para el organismo, sin la cual no podríamos caminar ni correr. Permiten el mantenimiento de las funciones esenciales de los órganos y realizar actividad física, sobre todo de larga duración.
	**Protectores o reguladores:** Son el **agua**, la **fibra**, las **vitaminas** y las **sales minerales**, que se obtienen a través de las **verduras** y **hortalizas**, la **sal**, etc.	Controlan que todas las **funciones del organismo** se lleven a cabo adecuadamente. Facilitan el mecanismo de **defensa** del cuerpo.

7. Organización de los menús

En nuestra nutrición es importante **comer a las horas en las que el cuerpo se puede beneficiar**. Es necesario establecer un horario regular para hacer cinco comidas al día: desayuno, media mañana, almuerzo, merienda y cena.

El error más grave que se suele hacer es desayunar poco y cenar mucho. A la hora del desayuno es necesario llenar el almacén para la actividad diaria y, en cambio, por la noche se necesita reducir la ingesta, porque durmiendo las necesidades no son tan altas.

Hay que desayunar en casa antes de ir al colegio o instituto y, a media mañana, comer un bocadillo, lácteos o fruta (habría que evitar la bollería y las golosinas).

Es un requisito fundamental que la ingesta de los nutrientes se reparta en diferentes momentos a lo largo del día, y que el desayuno suponga el 25 % de la dieta diaria.

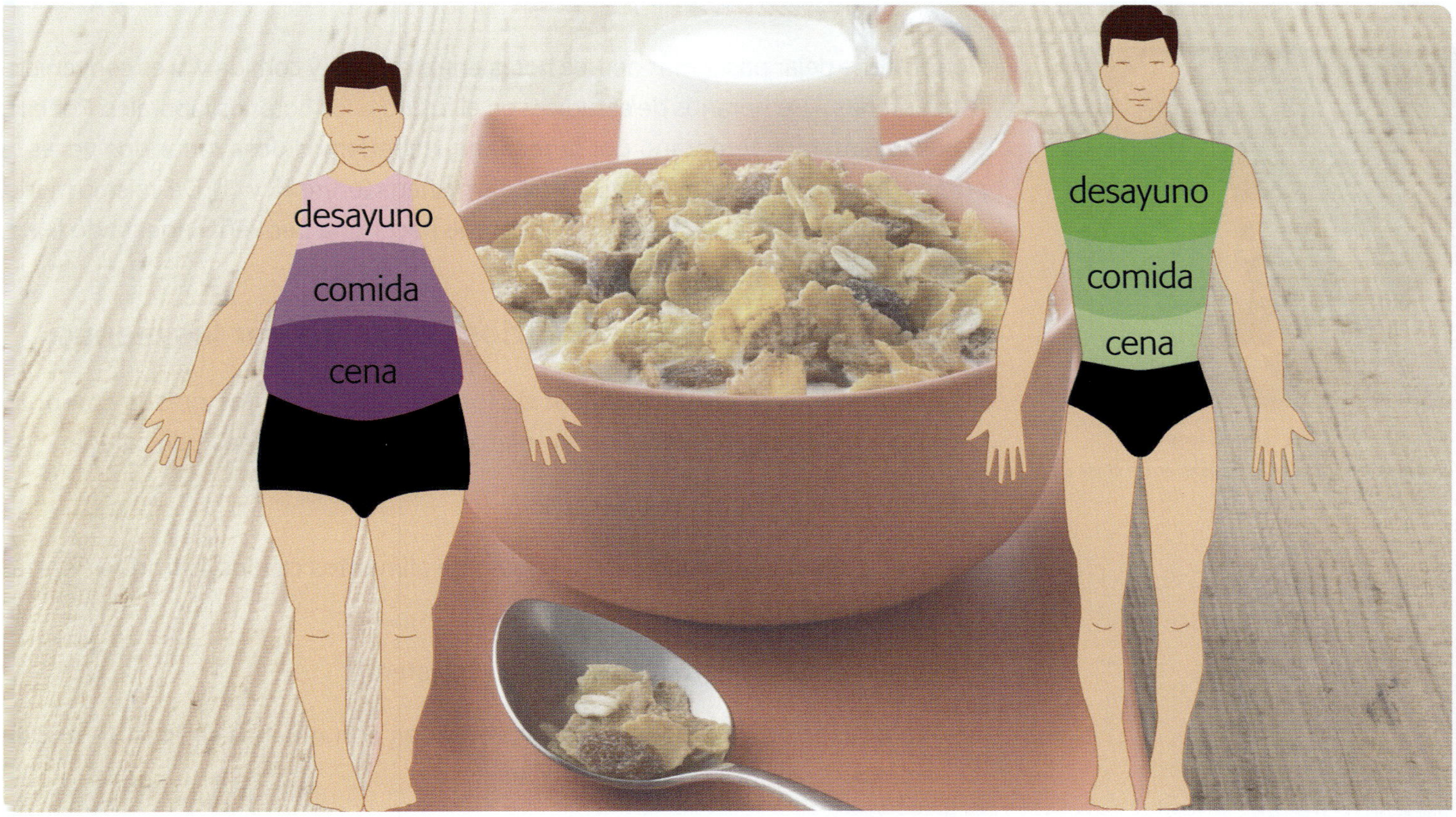

El desayuno

- Cereales. Proporcionan hidratos de carbono, que aportan energía, vitaminas y minerales. Los cereales integrales aportan, además, fibra.
- Lácteos y huevos. La leche y sus derivados contienen proteínas de calidad, calcio, vitaminas A y D, y vitaminas del grupo B (principalmente riboflavina o B2). El huevo contiene vitaminas A, D y E, y es rico en aminoácidos esenciales, ácidos grasos y algunos minerales.

¡No te saltes comidas! Por la mañana, cuando te levantas, han pasado ocho o nueve horas sin ingerir nada. Si, además, omites la cena del día anterior o el desayuno, tu biomáquina estará sin energía diez u once horas seguidas.

- Frutas. Aportan hidratos de carbono, agua, vitaminas, minerales y fibra.
- Derivados cárnicos. Jamón cocido o serrano, fiambres poco grasos (de pollo o pavo), embutidos... Contienen proteínas de calidad con función formadora (de construcción de tejidos y células) y cantidades variables de grasa, con función energética

Ejemplo de desayuno

Primer desayuno. En casa, antes de ir al instituto: lácteos y cereales, como galletas o tostadas, y también fruta o zumos.

Segundo desayuno. A media mañana, un bocadillo sin abusar de embutido, paté o algún queso graso, o bien fruta y productos lácteos. Es necesario limitar la bollería industrial y los refrescos (tienen mucho azúcar pero no alimentan).

Es importante que almorcemos en el instituto en una de las pausas entre clases o a la hora del patio.

No conviene dejar pasar más de tres horas entre comida y comida y sí es conveniente adaptarlas a los horarios de estudio y, en el futuro, a los horarios laborales. Por ello, si nos levantamos temprano por la mañana, deberíamos desayunar dos veces, a primera hora (7 u 8 de la mañana) y a media mañana (entre 10 y 11). Del mismo modo, entre la comida y la cena también habría que hacer una pequeña ingesta de fruta, una tostada, etc.

Buenos propósitos alimentarios para elaborar los menús:

- Cocinar pocas grasas: no abusar de los fritos, elaborar los guisos con poca grasa y aliñar con moderación los platos para evitar el exceso de calorías.
- Potenciar el consumo de pescado.
- Elevar el nivel vitamínico con la ingesta de alimentos crudos: introducir hortalizas crudas o fruta en cada comida.
- Evitar el exceso de productos ricos en colesterol:
  - No abusar de comidas rápidas elaboradas con muchas grasas de origen animal.
  - Moderar el consumo de alimentos como embutidos y vísceras. En cuanto al consumo de huevos, tres o cuatro a la semana es una ración aconsejable.
  - Introducir las legumbres como plato principal. Se puede combinar la legumbre con una pequeña cantidad de proteína animal (atún, cerdo, etc.). De postre, es recomendable el yogur, porque facilita la digestión de la legumbre y proporciona un poco más de proteína para completar el menú.
  - Beber agua incluso si no se tiene sed. Se recomienda entre 1,5 y 2 litros diarios, una gran parte de los cuales puede proceder de la comida. Por ejemplo, el pan contiene un 40 % de agua.

Ejemplo de menús variados y equilibrados para la adolescencia

	Comida	Cena
Día 1	Pasta con salsa de tomate Pescado al horno con verduras Fruta	Ensalada de patatas Tortilla de verduras Requesón
Día 2	Arroz con verduras Pollo o conejo Fruta	Sopa de pasta Pescado frito o a la plancha con ensalada Queso
Día 3	Ensalada con atún o sardinas Puré de legumbres Yogur	Crema de calabacín y queso Pescado al horno con patatas Higos secos y almendras
Día 4	Pasta con verduras Carne Fruta	Ensalada con maíz y queso Yogures con pasas y dátiles
Día 5	Espárragos Sepia con guisantes y patatas Fruta	Tomates con huevo duro Pizza Helado

Aunque nuestro ritmo de vida nos deje poco tiempo, no hay que abusar de la comida rápida.

El secreto de una dieta equilibrada está en la variación de alimentos.

8. La pirámide de los alimentos

La pirámide de los alimentos es un gráfico que, de manera simple, muestra los diferentes grupos de alimentos y ofrece pautas de las raciones que hay que tomar al día, de manera que los alimentos que aparecen en la base son más importantes que los alimentos que se encuentran en el vértice superior. La pirámide está constituida por siete grupos de alimentos, como se puede ver a continuación:

Podemos observar que, entre hortalizas y frutas, deberíamos comer cinco piezas o raciones cada día. Analiza si tu dieta se acerca a la cantidad correcta de fruta y verdura diaria.

Si tenemos algo de sobrepeso, las normas básicas para cualquier régimen son:

- Eliminar el azúcar, las golosinas, la miel y las bebidas dulces.
- Controlar o eliminar el consumo de pan.
- Beber líquido en abundancia: agua e infusiones. Se puede combinar con algún refresco sin azúcar, esporádicamente.
- Hacer las cinco comidas del día. Picar entre horas es una mala costumbre.

9. La alimentación y la actividad física

Cuando hacemos ejercicio de intensidad media-alta durante más de sesenta minutos, dos o tres días a la semana, nuestro cuerpo tiene un gasto calórico y energético más alto que el de una persona sedentaria; por eso, es necesario un aporte energético mayor.

A menudo, las lesiones y el rendimiento van unidos a la alimentación y al descanso. Sin unos buenos nutrientes que aporten energía, la práctica deportiva no tiene ningún sentido.

En el apartado de la función de los nutrientes energéticos, señalábamos los hidratos de carbono como el mejor proveedor de energía para realizar actividad física. Al practicar un deporte o actividad física, ya sea una excursión a la montaña de dos o tres horas, un partido de fútbol o una clase de *spinning* (bicicleta estática) en un gimnasio, hay que suministrar suficiente energía al cuerpo y, sobre todo, hay que llegar bien hidratados (debemos haber bebido suficiente agua).

Sin un correcto aporte energético y una hidratación adecuada, la práctica deportiva no tiene sentido.

La práctica deportiva exige aportes energéticos extraordinarios, como las barras de cereales.

Si la práctica deportiva es matinal...

Hay que desayunar, como mínimo, dos horas antes. Este desayuno debe incluir un bocadillo pequeño o mediano de jamón, un yogur, una fruta y/o un zumo de naranja.

Si la práctica es por la tarde o noche...

Un plato de pasta o arroz y pollo, un plátano y un yogur pueden constituir un buen almuerzo. Hay que comer tres horas antes de la práctica deportiva y, una hora antes, es recomendable comer una pieza de fruta.

Después del ejercicio...

Es necesario proveer al cuerpo de energía y agua o sopas para compensar la deshidratación que provoca el sudor de la práctica de actividad física.

Si la práctica deportiva es de larga duración...

Por ejemplo, una excursión de una mañana caminando, o un partido de fútbol, es necesario proveerse de barritas energéticas o frutos secos para comer en la media parte del partido o bien al cabo de dos horas de haber comenzado la excursión.

La práctica deportiva suele provocar una gran pérdida de líquido en el organismo que hay que compensar hidratándonos.

¿Sabías que...?

- El cerebro se nutre de proteínas. Una dieta baja en proteínas tiene una repercusión negativa sobre la mente: la capacidad intelectual falla. Es un problema que se hace patente en los casos de anorexia.
- La anorexia es un trastorno mental que se manifiesta en una alteración de la conducta alimentaria caracterizada por una pérdida de peso acompañada de una distorsión de la imagen corporal. Generalmente, la persona anoréxica comienza eliminando los hidratos de carbono de su dieta, ya que tiene la falsa creencia de que engordan. A continuación, rechaza las grasas, las proteínas e incluso los líquidos, hasta el punto, en algunos casos, de deshidratación extrema.
- Cuando tenemos sed, significa que la cantidad de agua que hay en la sangre comienza a disminuir y la sangre se vuelve un poco más espesa. Una parte del cerebro percibe este hecho y envía señales al cuerpo indicando que necesita más líquido.
- Un 25 % de adolescentes no desayuna antes de salir de casa.
- Numerosas encuestas nutricionales a los adolescentes señalan, como aspectos negativos: desayunos deficientes; monotonía alimentaria; escaso consumo de verduras (crudas y cocidas), fruta y pescado; abuso de *snacks*; consumo excesivo de refrescos, y la incorrecta distribución de alimentos durante el día.
- Hay personas que comen mucho y no engordan porque su cuerpo lo quema todo inmediatamente; es decir, no almacenan el excedente energético en forma de grasa.

El abuso de los *snacks* y de la comida rápida es uno de los principales aspectos negativos de la nutrición entre los adolescentes.

Adquisición de saberes

- Alimentación saludable y análisis crítico de la publicidad (dietas no saludables, fraudulentas o sin base científica. Alimentos no saludables y similares).
- Efectos negativos de los modelos estéticos predominantes y trastornos vinculados al culto insano al cuerpo (vigorexia, anorexia, bulimia y otros).
- Creación de una identidad corporal definida y consolidada.

Actividades finales

a. Conceptos y conocimientos

1. Responde.

a) Las necesidades alimentarias varían según la edad de la persona. ¿Qué necesidades nutricionales tiene la etapa de la adolescencia?

b) ¿Qué diferencia crees que hay entre la alimentación de una persona de setenta años y la de un adolescente de quince años?

c) ¿Qué es aconsejable mejorar en la alimentación de una chica cuando tiene la primera regla?

2. Señala en tu libreta si los siguientes enunciados son verdaderos o falsos:

a) Las necesidades energéticas de un adolescente son muy altas porque se encuentra en época de crecimiento.

b) La ingesta calórica diaria de un adolescente tiene una cifra concreta y es muy importante que se cumpla.

c) El gasto calórico diario más alto del cuerpo humano se produce mientras practicamos ejercicio físico.

d) Con una masa muscular tonificada gastaremos más calorías en reposo que si tenemos más masa magra.

3. Completa en tu libreta la siguiente tabla con los alimentos y los beneficios que te proporcionan las distintas vitaminas y minerales:

Vitamina o mineral	Alimentos	Beneficios
Vitamina C		
Calcio		
Magnesio		
Hierro		
Yodo		

4. Clasifica en tu libreta los siguientes alimentos en función de si son energéticos, constructores o reguladores: judía verde, lechuga, lentejas, pescado, pollo, naranja, espaguetis, pan, huevos, arroz, tomate, carne, leche, aceite de oliva, pepino, cebolla.

5. Copia y completa en tu libreta los enunciados siguientes sobre los buenos propósitos en alimentación:

- Cocinar pocas [redacted]: no abusar de los fritos, elaborar los guisos con poca grasa y aliñar con moderación los platos para evitar el exceso de [redacted].
- Potenciar el consumo de [redacted].
- Elevar el nivel [redacted] con la ingesta de alimentos [redacted]: introducir hortalizas crudas o fruta en cada comida.
- Evitar el exceso de productos ricos en [redacted].

b. Pensando en mí

6. Responde las siguientes cuestiones:

a) ¿Qué comes habitualmente en el desayuno? ¿A qué hora desayunas? ¿Tomas dos desayunos o uno?

b) ¿Cuáles son las recomendaciones para el desayuno (horario, alimentos, etc.)? ¿Es correcto el desayuno que haces habitualmente?

c) ¿Qué comes habitualmente para cenar?

d) ¿Cuáles son las recomendaciones para la cena (horario, alimentos, etc.)? ¿Es correcta la cena que haces habitualmente?

7. Elabora en tu libreta un ejemplo de comida saludable. Indica el primer, segundo y tercer platos, el tipo de alimentos que lo componen y los nutrientes que aportan al organismo.

8. Copia el siguiente menú en tu libreta y sustituye la comida que no te gusta por otra que tenga las mismas características nutritivas:

Ejemplo de menús variados y equilibrados para la adolescencia		
	Comida	**Cena**
Lunes	Pasta con salsa de tomate Pescado al horno con verduras Fruta	Ensalada de patatas Tortilla de verduras Requesón
Martes	Arroz con verduras Pollo o conejo Fruta	Sopa de pasta Pescado frito o a la plancha con ensalada Queso
Miércoles	Ensalada con atún o sardinas Puré de legumbres Yogur	Crema de calabacín y queso Pescado al horno con patatas Higos secos y almendras
Jueves	Pasta con verduras Carne Fruta	Ensalada con maíz y queso Yogures con pasas y dátiles
Viernes	Espárragos Sepia con guisantes y patatas Fruta	Tomates con huevo duro Pizza Helado

409
MARIO
415
ROSI

3

La resistencia

#UmbralAnaeróbico

La resistencia es la capacidad más determinante para la salud y la calidad de vida. Si queremos disfrutar con normalidad de las actividades cotidianas, es necesario mantener y cuidar esta cualidad física.

Detrás de actividades deportivas muy divulgadas y practicadas masivamente se encuentra la capacidad de resistencia. Actividades como el triatlón, la maratón y todas sus variantes son disciplinas con un componente muy importante de resistencia.

Los efectos producidos por el entrenamiento regular de la resistencia repercuten sobre el aparato cardiorrespiratorio, es decir, el corazón, los vasos sanguíneos y la capacidad pulmonar.

El objetivo de esta unidad es proporcionar pautas para trabajar y mantener la resistencia como base para el desarrollo de la condición física y la salud.

1 Medir la FC en reposo

2 Medir la FC después de un esfuerzo moderado

3 Hacer un gráfico de esfuerzo

4 Valorar el reto realizado

Reto

Medir nuestra frecuencia cardíaca

Sabemos que la frecuencia cardíaca (FC) nos permite ver el grado de adaptación del sistema cardiovascular en el esfuerzo físico llevado a cabo, partiendo del cálculo teórico de la FC máxima 220 – edad. Así pues, podemos determinar los siguientes niveles de intensidad de esfuerzo:

máximo	Por encima de 185 ppm
alto	Entre 170-185 ppm
medio	Entre 150-170 ppm
bajo	Entre 120-150 ppm

El objetivo del reto será que aprendas a medirte la FC de forma fiable.

1. Recordemos

La resistencia es la cualidad física que permite mantener un esfuerzo, retrasando la aparición de la fatiga, durante el máximo tiempo posible.

En función del mecanismo energético utilizado, diferenciamos dos tipos básicos de resistencia.

Resistencia aeróbica

Es la que permite realizar esfuerzos de intensidad baja y larga duración, en que el oxígeno que llega a los músculos a través de la respiración es suficiente.

Un nadador entrena su capacidad de resistencia aeróbica.

Resistencia anaeróbica

Es la que permite realizar esfuerzos de intensidad elevada y corta duración, en que el oxígeno que llega a los músculos a través de la respiración no es suficiente, lo cual hace aparecer el agotamiento.

La resistencia anaeróbica nos permite la realización de esfuerzos de alta intensidad en un corto periodo de tiempo.

2. Factores que determinan la resistencia

Hay cinco aspectos que condicionan la capacidad de resistencia humana.

- El sistema nervioso central (SNC), porque determina la capacidad de trabajo muscular.
- El porcentaje de fibras musculares rápidas o lentas. Estas últimas son más resistentes a la fatiga en esfuerzos de intensidad baja.

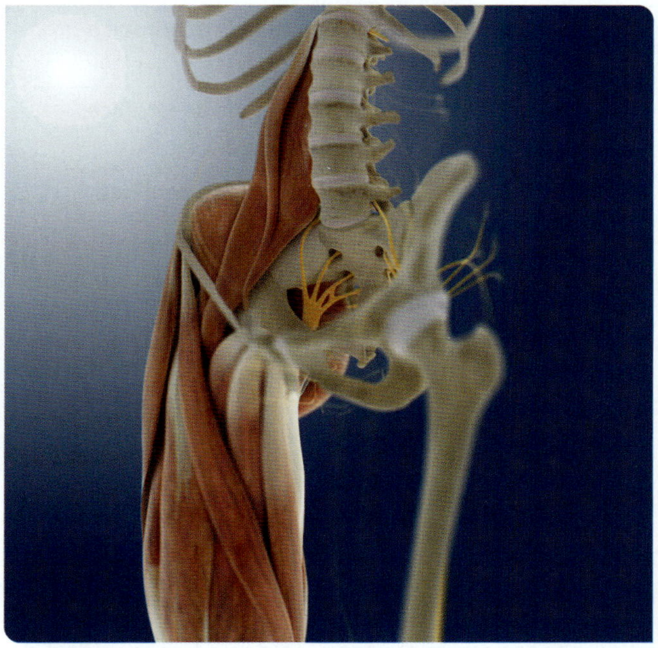

La cantidad de fibras rápidas o lentas determinará el tipo de músculo y su resistencia.

- La capacidad psicológica de lucha contra el sufrimiento ante la fatiga muscular. Está relacionada con lo que conocemos por *fuerza de voluntad*.
- Las reservas energéticas en forma de trifosfato de adenosina (ATP por sus siglas en inglés) que proporcionan las diferentes vías metabólicas para realizar esfuerzo.

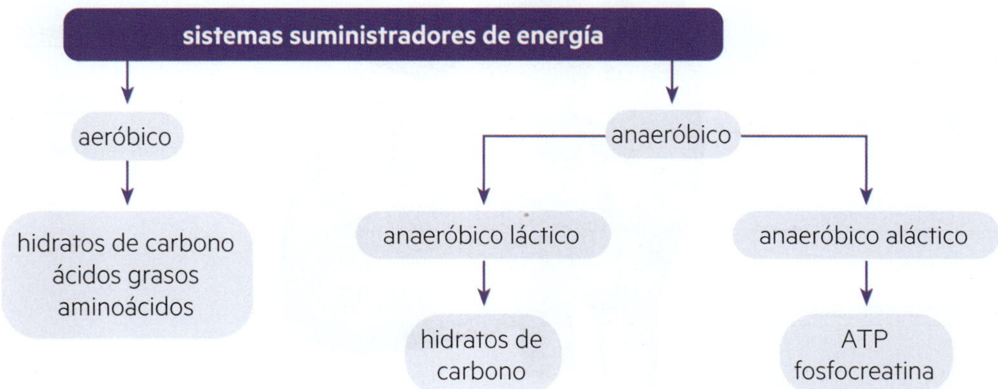

1 Medir la FC en reposo

Para evaluar tu frecuencia cardíaca, lo primero que tienes que hacer es medirla en reposo, es decir, antes de llevar a cabo ninguna actividad física. Mídete tu FC en el cuello y en la muñeca, al tiempo que un compañero o el profesor o profesora la registra en una tabla. También puedes hacerlo con un pulsómetro; observa cuál de tus medidas se acerca más a la FC registrada por los demás. Anota los valores en una libreta:

	FC
FC medida en el cuello	
FC medida en la muñeca	

Factores relacionados con el metabolismo energético				
Duración	**Intensidad**	**Vía energética**	**Frecuencia cardiaca (FC)**	**Resistencia**
0 s - 5 s	máxima	ATP	-	potencia anaeróbica aláctica
5 s - 10 s	95 % - máxima	ATP-CP	-	potencia anaeróbica aláctica
10 s - 45 s	95 - 90 %	ATP-CP glucógeno	máxima	potencia anaeróbica láctica
45 s - 2 min	90 - 80 %	glucógeno ATP-CP	máxima	potencia anaeróbica láctica
2 min - 15 min	80 - 75 %	glucógeno	180 - 160	potencia anaeróbica máxima
15 min - 90 min	75 %	glucógeno lípidos	160 - 130	capacidad aeróbica
90 min - 8 h	< 75 %	lípidos glucógeno	< 130	*endurance*

- Los parámetros cardiovasculares del sistema circulatorio y respiratorio, como:
  - la capacidad funcional del corazón, que hace funcionar todo el sistema circulatorio;
  - el intercambio de gases de la sangre a las células que se produce en los capilares;
  - la capacidad de transporte de oxígeno en sangre gracias a la presencia de hemoglobina, mioglobina y glóbulos rojos;
  - y, finalmente, la capacidad de absorción de oxígeno, es decir, la capacidad de pasar el oxígeno de los alvéolos pulmonares a la sangre.

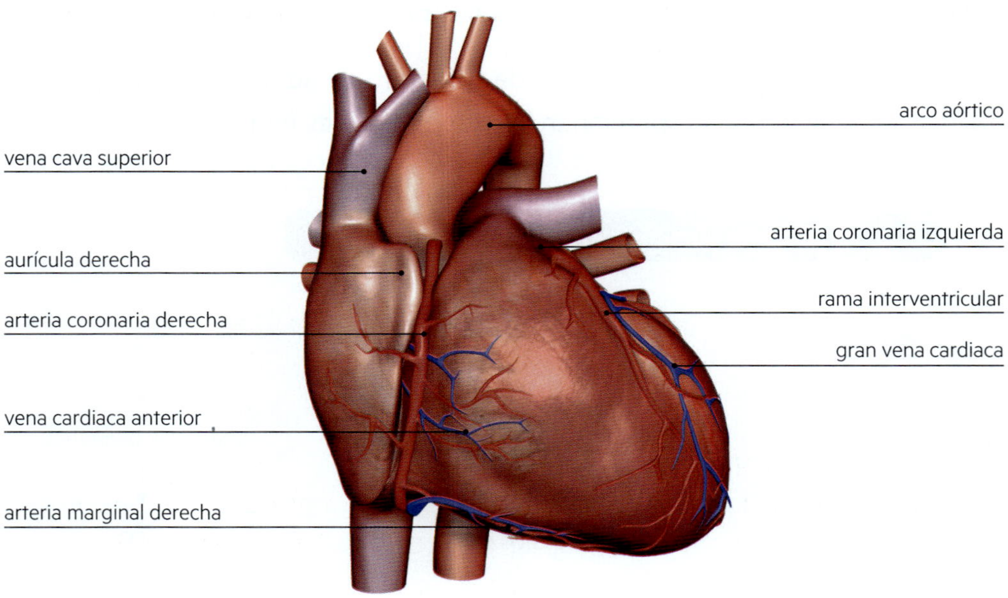

El corazón y la capacidad de transporte de oxígeno a través de la sangre determinan nuestra capacidad de resistencia.

3. El mecanismo energético del cuerpo

El organismo humano necesita energía no solo para hacer cualquier esfuerzo, sino también para poder sobrevivir incluso en reposo absoluto.

Esa energía la aportan los alimentos que, para ser utilizados por las células musculares, deben ser descompuestos a través de sucesivas reacciones químicas hasta obtener ATP (trifosfato de adenosina), que es el proveedor final de energía.

Imágen microscópica del intestino. Las células coloreadas en morado son las encargadas de absorber los nutrientes de la comida ya digerida.

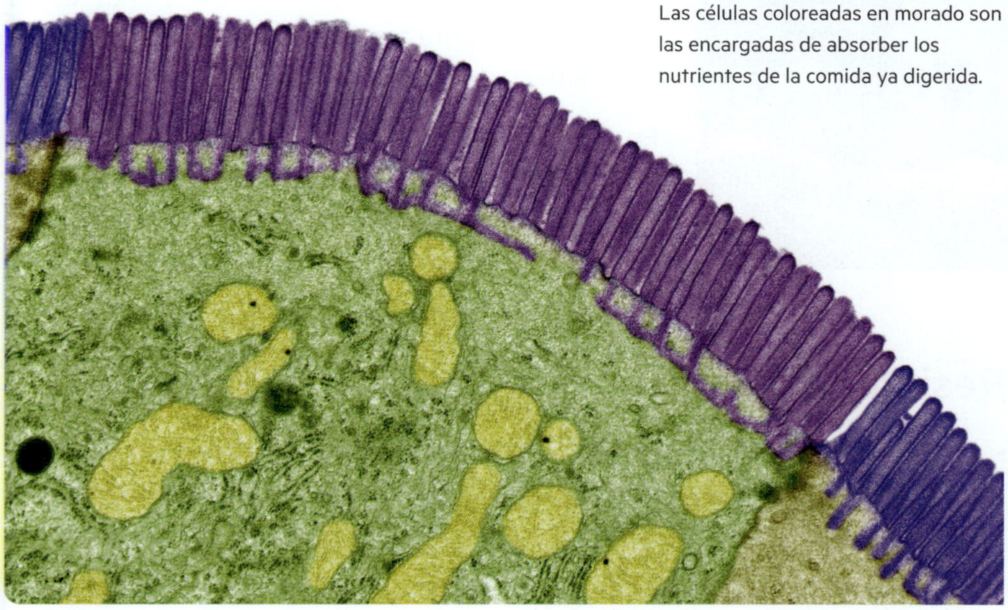

La vía energética utilizada para realizar esfuerzos determina los tipos de resistencia que tenemos.

El organismo tiene diferentes vías de acceso al ATP (energía) que le permiten desarrollar los diferentes tipos de resistencia.

Resistencia anaeróbica (sin aporte de oxígeno)

- **Aláctica (no se produce ácido láctico residual)**
  - **Potencia anaeróbica aláctica.** Utiliza únicamente las **reservas de ATP** que hay en el músculo. Estas son muy pequeñas y permiten realizar esfuerzos de los tres a los cinco primeros segundos, a intensidad máxima.
  - **Capacidad anaeróbica aláctica.** Utiliza, además, el **fosfato de creatina** (CP por sus siglas en inglés) muscular, algo más abundante que el ATP, y permite realizar esfuerzos de forma explosiva a partir de los cinco segundos hasta los diez segundos, a un 95 % de intensidad.

2 Medir la FC después de un esfuerzo moderado

Ahora que sabes cómo hacerlo, mídete las diferentes FC después de correr a ritmo moderado durante un mínimo de 5 minutos y rellena la tabla, con el sistema más fiable que hayas determinado en la tarea 1. Anota los resultados en tu libreta:

FC reposo (después de estar sentado un rato)	
FC esfuerzo (después de hacer un ejercicio de 5 minutos aproximadamente)	
FC de recuperación (1 minuto después de haber terminado)*	

* La capacidad de recuperación después de un esfuerzo también mejora cuanto mejor sea tu condición física cardiovascular. Para saber qué condición física cardiovascular tienes, puedes probar de medir las pulsaciones 1 minuto después de haber terminado un ejercicio físico de intensidad media/alta. Si estás alrededor de 120 ppm, tu capacidad de recuperación es buena y tu corazón está en forma; en cambio, si estás muy por encima de 120 ppm, debes mejorar la capacidad aeróbica.

El levantamiento de pesas pone a prueba nuestra capacidad anaeróbica.

- **Láctica (FC máxima)**
  - **Potencia anaeróbica láctica.** Cuando se agota el CP se inicia la degradación del **glucógeno** muscular (glucosa almacenada). Esto sucede entre los diez y los cuarenta y cinco segundos, y permite desarrollar esfuerzos del 90 al 95 % de intensidad.
  - **Capacidad anaeróbica láctica.** Tiene lugar si se continúa el esfuerzo, desde los cuarenta y cinco segundos a los dos minutos. Predomina la degradación del glucógeno, el ATP y el CP están prácticamente agotados, y permite desarrollar esfuerzos del 80 al 85 % de intensidad.

En condiciones anaeróbicas, en la degradación de cada molécula de glucógeno se obtienen dos moléculas de ATP y ácido láctico residual, que, al acumularse, provocan fatiga.

Resistencia aeróbica (con aporte de oxígeno)

- **Potencia aeróbica.** Únicamente se utiliza la vía de la degradación del glucógeno, de los dos a los quince minutos de esfuerzo del 75 al 80 % de intensidad, con una FC de 160 a 180 ppm.

  La presencia de oxígeno permite una degradación del glucógeno más eficiente que aporta 38 moléculas de ATP por cada una de glucógeno.

- **Capacidad aeróbica.** Conjuntamente con la degradación del glucógeno se inicia la de las grasas. El esfuerzo se prolonga de los quince hasta los noventa minutos, con una intensidad del 75 %, a una FC de 160 a 130 ppm.

- **Fondo.** A partir de los noventa minutos hasta las ocho horas de ejercicio, hay un predominio de la degradación de grasa, que permite mantener esfuerzos hasta el 70 % de intensidad, a una FC de hasta 130 ppm.

  La degradación de las grasas es una vía de gran eficiencia energética, también gracias a la presencia de oxígeno:

  1 molécula de ácidos grasos = 130 de ATP

Las carreras de montaña exigen un esfuerzo de intensidad baja durante un largo intervalo de tiempo.

El umbral anaeróbico

El umbral es el punto de máxima intensidad de trabajo sin acumulación excesiva de lactato en sangre. Cuanto más alto es el umbral, más capacidad tenemos de retrasar la aparición de la fatiga.

4. Los conceptos de déficit y deuda de oxígeno

Cuando realizamos un esfuerzo de cierta intensidad, el equilibrio entre el aporte y el gasto de oxígeno en el organismo no se alcanza hasta después de dos o tres minutos. Es el tiempo que necesitan el sistema respiratorio y el cardiovascular para adaptarse al esfuerzo.

A estos minutos iniciales de desequilibrio se les denomina *déficit de oxígeno*, que se compensa al final del esfuerzo, en el periodo de recuperación (por este motivo, cuando paramos todavía la frecuencia respiratoria es alta durante varios minutos).

La cantidad de oxígeno consumido en reposo, después de cesar el esfuerzo, se denomina *deuda de oxígeno*.

Deuda de oxígeno

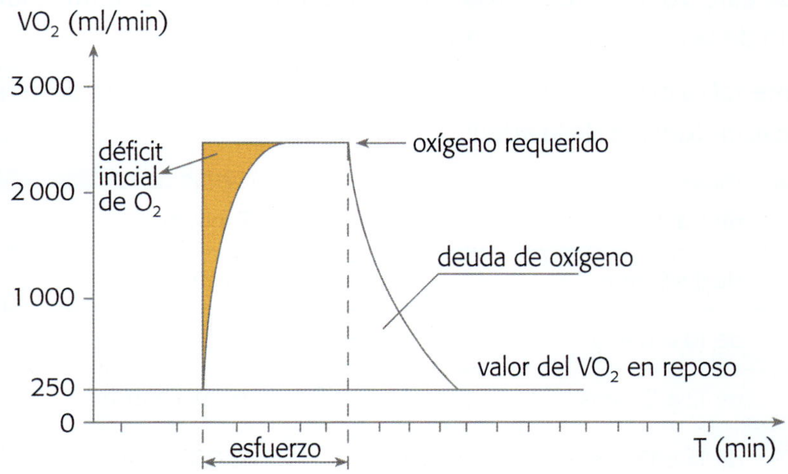

3 Hacer un gráfico de esfuerzo

Lleva a cabo en clase las 3 actividades físicas propuestas en el recurso «Medir la FC» y una que consensuéis entre todos.

Para cada una de ellas, mide la FC de reposo y de esfuerzo. Después, rellena la tabla y elabora un gráfico por medio de la plantilla que se propone en el recurso. Utiliza un color diferente para cada actividad.

5. La zona de actividad física saludable

Recordemos que cuando se realiza actividad física, la FC aumenta por encima del nivel de reposo, pero unas veces lo hace más que otras. Esta variación no es igual en todas las personas, ya que cada una responde de manera diferente a un mismo esfuerzo físico.

De todos modos, hay consenso en el ámbito médico para definir un margen seguro de variación de la FC ante esfuerzos de tipo aeróbico, llamado **zona de actividad física saludable**, que va del 60 al 85 % del índice cardiaco máximo (ICM), y que podemos calcular así: 220 – edad.

A los quince años, el ICM es de 220 – 15 = 205 ppm; por lo tanto, la zona de actividad física saludable oscilará entre 205 × 0,6 = 123 ppm y 205 × 0,85 = 174 ppm.

Hoy en día se han popularizado los pulsómetros, así como las aplicaciones de medición de pulsaciones en los *smartwatches*.

Entre los ocho y los dieciséis años daremos preferencia al entrenamiento de la resistencia aeróbica.

No sobrepasaremos el límite de trabajo aeróbico mientras podamos mantener una conversación sin falta de aire durante el esfuerzo de entrenamiento.

6. ¿Cómo podemos entrenar la resistencia?

Si nos fijamos en el desarrollo orgánico personal, lo primero que debemos trabajar para tener buena salud es la resistencia aeróbica, que se puede entrenar a cualquier edad, aunque el periodo más sensible para mejorarla es la pubertad (entre los ocho y los dieciséis años según los individuos). En cambio, el trabajo de entrenamiento de la resistencia anaeróbica se debe aplazar durante esta etapa.

⬆ Volumen de entrenamiento ⬇ Intensidad de entrenamiento

El primer objetivo será poder soportar una carga continuada de veinte minutos. El proceso para lograrlo pasa por empezar con cargas de cinco minutos e ir incrementando sucesivamente un 10 % de volumen cada dos o tres sesiones prácticas.

A partir de este volumen de carga (veinte minutos), nos podemos plantear el incremento de la intensidad del esfuerzo.

La siguiente tabla ofrece una referencia para el trabajo de mejora de la resistencia aeróbica, en función de la edad:

de 6 a 7 años	7 minutos
de 8 a 9 años	10 minutos
de 10 a 11 años	12-15 minutos
de 12 a 13 años	15-18 minutos
de 14 a 15 años	18-20 minutos
de 16 a 17 años	20-25 minutos

Es necesaria una carga de entrenamiento semanal de sesenta minutos, repartidos en dos sesiones, como mínimo, para obtener cambios orgánicos relevantes. Con una rutina de dos sesiones semanales de trabajo de resistencia aeróbica, se necesita un mínimo de 4-5 semanas (8-10 sesiones) para notar una disminución de la FC de reposo. La intensidad del esfuerzo para este entrenamiento aeróbico debe oscilar entre el 50 y el 70 % del máximo esfuerzo cardiovascular.

Para los adolescentes, debería corresponder a una frecuencia cardiaca de 150-170 ppm.

Para controlar la intensidad de carga del entrenamiento basta con tener presente que, mientras se pueda mantener una conversación sin falta de aire durante el esfuerzo de entrenamiento, seguro que no se está sobrepasando el límite de trabajo aeróbico recomendado.

7. Métodos y sistemas de entrenamiento de la resistencia

Sistemas continuos:

Se caracterizan por esfuerzos o trabajo ininterrumpido, con una intensidad baja o moderada, sin pausas y durante un periodo de tiempo prolongado.

- **La carrera continua.** Consiste en correr al mismo ritmo, de manera continua, con una respiración cómoda. La FC no debe sobrepasar las 150 ppm. Se utiliza para preparar el organismo para un esfuerzo (calentar, comenzar un plan de entrenamiento, recuperarse de lesiones, perder grasa corporal, etc.). Sirve exclusivamente para mejorar la resistencia aeróbica.
- **El *fartlek*.** Consiste en correr diferentes distancias a distintos ritmos de intensidad. La FC se sitúa entre 140 y 180 ppm. Se utiliza para mejorar la resistencia aeróbica y anaeróbica.
- **Entrenamiento total.** Consiste en la suma de la carrera continua, el *fartlek* y diferentes ejercicios de habilidades intercalados. Se caracteriza por los desplazamientos a ritmo moderado, los cambios de ritmo y los ejercicios de salto, lanzamientos, equilibrios, giros, etc.

Sistemas fraccionados:

Se caracterizan por esfuerzos o trabajos que intercalan pausas de recuperación. De esta manera se puede aumentar la intensidad de entrenamiento.

- **El intervalo-*training*.** Consiste en correr distancias de 100-200 metros, con intensidad de 75-95 %, es decir, a una FC de entre 160 y 180 ppm. Los esfuerzos están separados por pausas de reposo o descanso, que son activas o incompletas porque el trabajo no se detiene del todo.
- Durante la pausa, la FC tiene que bajar a 120-140 ppm. Se utiliza para mejorar la resistencia aeróbica y anaeróbica.
- **El circuito-*training*.** Es como un intervalo corto con pausas más pequeñas. Consiste en realizar una serie de ejercicios previamente establecidos que se ejecutan repetidamente con una pausa activa e incompleta, con una sucesión e intensidad determinadas. El circuito está formado, generalmente, por estaciones (entre ocho y catorce), que el deportista tiene que ejecutar en forma de círculo y en dirección única. Las estaciones alternan ejercicios de brazos, tronco y piernas. Se utiliza para mejorar la resistencia aeróbica, pero también la fuerza, la velocidad y la flexibilidad.

Sistema de carrera continua manteniendo el ritmo y una respiración cómoda.

El *fartlek* consiste en la carrera a distintos tipos de intensidad. La mejor manera de practicarlo es con recorridos irregulares.

Introduciendo ejercicios como los giros, saltos o equilibrios a las modalidades anteriores obtendremos un entrenamiento total de la resistencia.

8. Métodos para valorar la resistencia

Hay diferentes test científicos que se utilizan para evaluar el grado de cada tipo de resistencia:

Test	Descripción	Objetivo
Course-navette	Recorrer una distancia de ida y vuelta de 20 m al ritmo que marca una grabación con intervalos decrecientes de un minuto.	Potencia aeróbica máxima a partir de la determinación del VO_2 máximo*.
Test de la Universidad de Montreal	Es similar al anterior. La prueba se inicia a un ritmo de carrera de 8 km/h y se va aumentando la velocidad a 1 km/h cada 2 minutos.	Potencia aeróbica máxima a partir de la determinación del VO_2 máximo.
Test de Cooper	Cubrir la máxima distancia posible en 12 minutos.	Determinación del VO_2 máximo y valoración de la potencia aeróbica.
Test del kilómetro	Recorrer la distancia en el menor tiempo posible.	Resistencia aeróbica--anaeróbica.
Test de George-Fisher	Recorrer 2 400 m en el mínimo tiempo posible registrando las pulsaciones 10 segundos después de terminar.	Determinación del VO_2 máximo.
CAT-test	Tres pruebas de intensidad y duración diferentes: 1) Recorrer 800, 1 000 y 1 200 m en un tiempo aproximado de 6 a 8 minutos con una FC de 140 ppm. 2) Recorrer 800, 1 000 y 1 200 m en un tiempo aproximado de 6 a 8 minutos con una FC de 160 ppm. 3) Recorrer 1 000, 1 500 y 3 000 m con una FC igual a la máxima.	Determinación del VO_2 máximo, y del umbral aeróbico y anaeróbico siguiendo la curva de recuperación de la FC.
Test de Conconi	Esfuerzo de intensidad progresiva en carrera o bicicleta controlando la FC en función del aumento de la velocidad. En una pista de atletismo de 400 m se va incrementando la velocidad a partir de los 200 m hasta el agotamiento. Una grabación marcará el ritmo.	Resistencia aeróbica.
Test del escalón de Harvard	Subir un escalón de 50,8 cm con una frecuencia de 30 ciclos por minuto durante 5 minutos.	Resistencia aeróbica máxima.

* Cantidad máxima de oxígeno que el organismo puede absorber, transportar y consumir por unidad de tiempo, es decir, el máximo volumen de oxígeno en la sangre que nuestro organismo puede transportar y metabolizar.

9. Efectos del entrenamiento de la resistencia

El trabajo prolongado de la resistencia tiene unos efectos directos sobre el corazón. Son el aumento de la cavidad cardiaca (con el trabajo aeróbico) y el aumento del músculo cardiaco (con el trabajo anaeróbico).

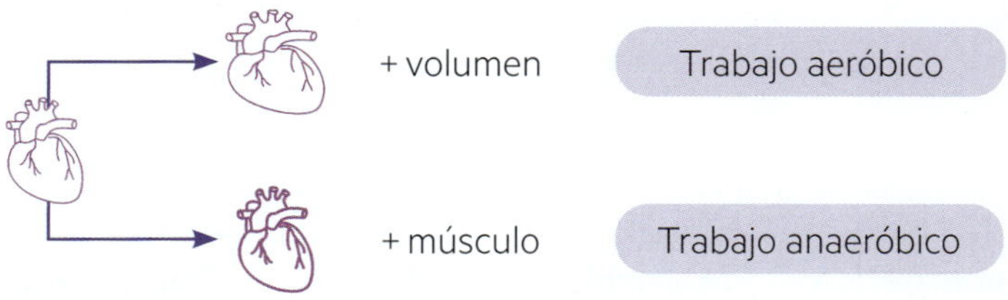

Para hacer un acompañamiento armónico del crecimiento, es necesario comenzar con el aumento de la cavidad mediante el trabajo aeróbico, y más adelante desarrollar el músculo cardiaco (miocardio) mediante el trabajo anaeróbico.

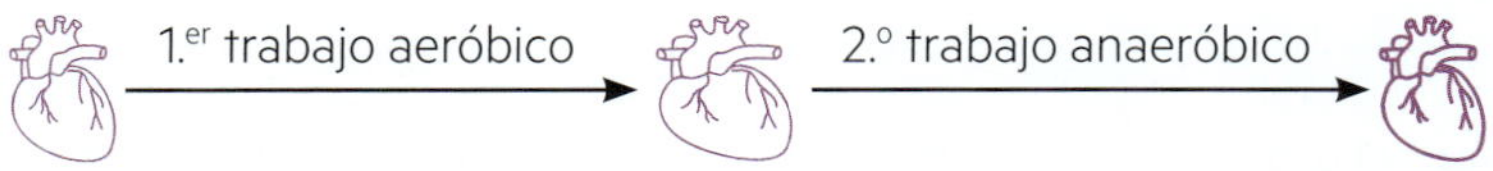

También mejora el funcionamiento del sistema respiratorio. Se gana en profundidad respiratoria, se consume más oxígeno y disminuye la frecuencia respiratoria.

Otro efecto respiratorio es la mejora de problemas como el asma.

En cuanto al sistema circulatorio, mejora la irrigación sanguínea, sobre todo la de los músculos.

Y desde el punto de vista del metabolismo, con esfuerzos superiores a treinta minutos se experimenta una pérdida de grasa corporal.

Entrenando la resistencia podemos ayudar a mejorar problemas como el asma.

4 Valorar el reto realizado

Una vez hayas elaborado el gráfico, ordena las actividades en función de su intensidad y responde al cuestionario de valoración del aprendizaje que también encontrarás en el recurso «Medir la FC».

Valoración del aprendizaje	
Según el gráfico, ¿qué actividad ha sido más intensa? ¿Por qué?	
¿Qué nivel de intensidad ha tenido cada actividad, teniendo en cuenta tu FC máxima teórica?	
¿Has superado este límite en algún caso?	

Actividades finales

a. Conceptos y conocimientos

1. Copia en tu libreta y completa los cuadros.

Tipo de resistencia			Fuente energética	Intensidad del esfuerzo	Duración del esfuerzo
Anaeróbica	aláctica	potencia	ATP muscular	máxima	de 3 a 5 s

Tipo de resistencia		Fuente energética	Intensidad del esfuerzo	Duración del esfuerzo
Aeróbica				

2. El trabajo de resistencia puede tener un efecto sobre el organismo; ¿sabrías decir sobre qué aparatos orgánicos y de qué manera?

3. Relaciona en tu libreta cada prueba con el tipo de resistencia que requiere.

100 m	3 000 m	• potencia anaeróbica aláctica	• potencia aeróbica máxima
10 000 m	Maratón	• capacidad anaeróbica aláctica	• capacidad aeróbica
400 m	1500 m	• potencia anaeróbica láctica	• fondo
800 m	200 m	• capacidad anaeróbica láctica	
5 000 m			

4. Calcula tu zona de actividad física saludable, utilizando los parámetros de la siguiente fórmula:

ICM (índice cardiaco máximo) = 220 – edad

ZAFS (zona de actividad física saludable) = entre 60 % y 85 % del ICM

5. Señala en tu libreta si los siguientes enunciados son verdaderos o falsos:

a) La resistencia es la cualidad física que permite mantener un esfuerzo, retrasando la aparición de la fatiga, durante el máximo tiempo posible.

b) Las fibras musculares rápidas son más resistentes a la fatiga en esfuerzos de intensidad baja.

c) La potencia anaeróbica láctica utiliza únicamente las reservas de ATP que hay en el músculo.

d) Cuanto más alto es el umbral, más capacidad tenemos de retrasar la aparición de la fatiga.

5. Pensando en mí

6. Práctica 1

Busca un circuito para correr de 500 a 1000 metros. Corre durante 15 minutos en carrera continua y mide el tiempo parcial de cada vuelta a lo largo de todo el ejercicio.

- Elabora en tu libreta un cuadro con los tiempos que has obtenido.

Vuelta	Tiempo	Vuelta	Tiempo
1		6	
2		7	
3		8	
4		9	
5			

- Copia en tu libreta y elabora la gráfica de los tiempos y describe cómo ha variado tu ritmo de carrera. ¿Has podido mantener el ritmo constante?

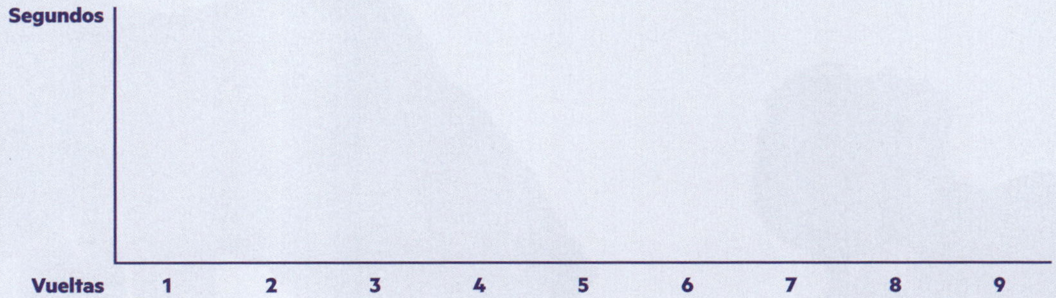

- Comenta los resultados que refleja la gráfica.

7. Práctica 2 (pulsímetro)

Sal a correr por un parque o itinerario más o menos llano durante unos 30 min e intenta que tu frecuencia cardiaca (FC) se mantenga alrededor de 150 ppm.

- Copia en tu libreta y elabora la gráfica de las frecuencias cardiacas de cada 5 min y describe cómo ha variado esa frecuencia cardiaca. ¿Has podido mantener el ritmo constante?

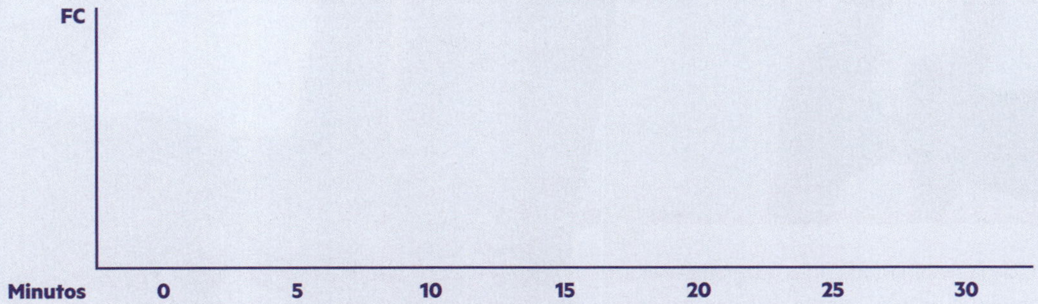

- Comenta los resultados que refleja la gráfica.

El entrenamiento de la flexibilidad con constancia, mejora y/o mantiene la amplitud de movimiento de las articulaciones, ya que esta cualidad se va deteriorando a lo largo de la vida.

4

La flexibilidad

#GanoCentímetros #GanoMovimiento

El entrenamiento de la flexibilidad facilita la disminución de la tensión músculo-tendón y, por tanto, la realización correcta de movimientos; previene lesiones y ayuda a la recuperación del músculo después de la práctica de actividad física.

En el **terreno deportivo**, la falta de flexibilidad puede llegar a dificultar el aprendizaje de algunos movimientos y dar lugar a errores y vicios, por ejemplo en el caso del atletismo, la gimnasia deportiva, la natación...

La flexibilidad, junto con la resistencia y la fuerza, es una cualidad básica para mantener una buena condición física y una **vida más activa y saludable**.

En el Segundo Ciclo, mostraremos varios métodos para entrenar la flexibilidad y los vincularemos a los beneficios y riesgos que comportan, y que podemos prevenir si ejercitamos esta cualidad básica.

1. Recordemos

- La flexibilidad es la cualidad física que permite realizar movimientos de gran amplitud con alguna parte del cuerpo.
- Hay dos métodos de entrenamiento de la flexibilidad: estático y dinámico.
- En el Primer Ciclo, estudiamos el método estático de Bob Anderson, que consiste en mantener el estiramiento en una posición relajada y sostenida durante un lapso de tiempo de entre diez segundos y un minuto.
- Los **músculos posturales** son los que necesitan más práctica de la flexibilidad, porque llevan a cabo un trabajo de contracción constante para mantener el cuerpo en las diferentes posturas.

Ejemplo de ejercicio de flexibilidad estática. La pierna está quieta.

Ejemplo de ejercicio de flexibilidad dinámica. La pierna está en movimiento.

2. Factores que condicionan la flexibilidad

La movilidad de las articulaciones está condicionada por diferentes factores:

- Los límites óseos.
- La rigidez o laxitud de los ligamentos (es hereditaria).
- La cantidad de masa muscular y adiposa: si un músculo está muy desarrollado es menos flexible.
- La **capacidad de elongación muscular**: es el factor más influyente y en el que se puede trabajar más para mejorar la movilidad articular y la flexibilidad.

Otros factores que condicionan la flexibilidad y que hay que conocer son los siguientes:

La edad: el crecimiento y el desarrollo de la masa muscular hacen disminuir la flexibilidad. Por otra parte, el proceso de envejecimiento también provoca la disminución de la flexibilidad a causa de la descalcificación y deshidratación de los tejidos.

- **El sexo:** la mujer tiene más flexibilidad por las diferencias hormonales, ya que produce más estrógenos; además, el esqueleto de la mujer está diseñado para permitir una amplitud de movimiento mayor, especialmente en la región de la cadera.
- **La anatomía de la articulación:** la articulación tiene una resistencia interna diferente si consta de uno, de dos o de tres planos de movimiento.
- **El estado de la fibra muscular:** si un músculo está fatigado o bien la fibra muscular tiene cicatrices de alguna lesión anterior, la elasticidad disminuye.
- **La capacidad de relajación y contracción del músculo que se contrae con su contrario (agonista-antagonista):** es decir, la coordinación intramuscular.
- **La hora del día:** al levantarse por la mañana el cuerpo está más rígido; al mediodía, tiene la máxima movilidad y, a partir de entonces, experimenta una disminución de la flexibilidad hasta la noche. Según Grosser, Zimmermann y Ozolón, de 10 h a 12 h y de 16 h a 18 h la amplitud de movimiento es mayor que durante el resto del día.
- **Las costumbres sociales:** la actividad laboral (activa o inactiva), el sedentarismo o la actividad física, y los hábitos posturales inciden en la capacidad de estirarse. Por ejemplo, las personas que habitan en los países orientales, debido a la costumbre de sentarse en el suelo, tienen más flexibilidad en la articulación coxofemoral.
- **La temperatura ambiental y corporal:** una temperatura cálida facilita la amplitud de movimiento. Del mismo modo, el aumento de temperatura corporal mediante un calentamiento disminuye la resistencia de la musculatura a estirarse.

Un buen calentamiento disminuye la resistencia de la musculatura.

El sexo es un factor que condiciona la flexibilidad. El esqueleto y el sistema muscular de la mujer están diseñados para ser más flexibles.

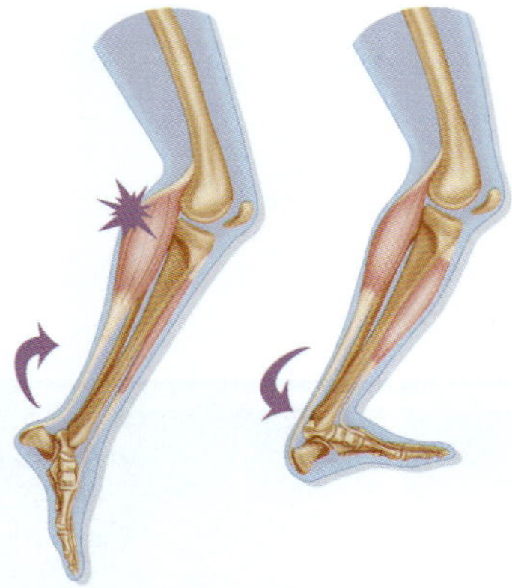

El reflejo miotático es un mecanismo de defensa que consiste en una contracción rápida que impide que el músculo se dañe en casos de estiramientos lesivos.

El reflejo miotático se activa en caso de estiramientos potencialmente lesivos como los que pueden darse en el fútbol en las piernas.

El estiramiento pasivo es producido por una fuerza de tracción externa, en este caso, el profesor de Pilates.

3. Reflejo del estiramiento o reflejo miotático

El interior del músculo dispone de unos receptores neuronales que se activan cuando detectan el cambio de longitud y de velocidad que se produce en el estiramiento. Estos receptores se denominan *reflejo del estiramiento* o *reflejo miotático*.

El reflejo del estiramiento es uno de los mecanismos de defensa de que dispone el cuerpo humano para proteger el músculo-tendón y evitar lesiones, pero igualmente se utiliza para correr rápido. Consiste en una contracción rápida del músculo.

Cuando el músculo detecta un movimiento que puede ser lesivo, como abrirse rápido de piernas por un resbalón, los receptores neuronales envían una señal (una orden) a la médula espinal para que el músculo principal del movimiento (agonista) se contraiga y el contrario (antagonista) se relaje.

Al entrenar la flexibilidad, el músculo se va habituando a la nueva amplitud de movimiento y deja de emitir la orden o señal. De este modo, se va ganando más capacidad de estiramiento sin que se produzca el reflejo miotático. Por eso, cuando calentamos y aplicamos un método de estiramiento sobre un músculo, podemos observar que ganamos amplitud de movimiento: el reflejo de estiramiento se habitúa y no emite la señal de contracción.

4. Sistemas y métodos para entrenar la flexibilidad

Es muy difícil llevar a cabo una clasificación de los diferentes métodos de entrenar la flexibilidad porque hay tantas técnicas como teorías sobre el estiramiento.

Trataremos los diferentes métodos desde dos tipos de criterios:

- Según la cantidad de **movimiento** implicada en la realización de los estiramientos:
  - **Métodos estáticos:** no se efectúa ningún movimiento significativo. Se trata de adoptar una postura determinada y buscar un grado de estiramiento durante varios segundos.
  - **Métodos dinámicos:** se hace un desplazamiento importante de una o varias partes del cuerpo buscando la máxima amplitud de una articulación.
- Según el tipo de **fuerza responsable** del estiramiento:
  - **Estiramientos pasivos:** son producidos por una fuerza de tracción externa (la gravedad, un compañero, una tira de goma o similar...).
  - **Estiramientos activos:** el origen de la fuerza de tracción del estiramiento proviene de la propia actividad muscular.

5. Métodos estáticos

Mantienen la elongación muscular (estiramiento) durante un breve periodo de tiempo, con la ayuda de la gravedad o de un compañero o compañera, alternando fases de acortamiento y estiramiento. El tiempo puede oscilar entre algunos segundos y minutos, para quienes hacen yoga.

Este método es apropiado para las personas que empiezan o tienen una baja condición física, ya que permite un gran control de la movilidad articular y la elongación muscular. Se llevan a cabo principalmente para mejorar la salud.

Estos métodos permiten un alto control de la postura que hay que adoptar para obtener una elongación muscular.

Estiramiento estático pasivo: sencillamente se deja actuar la fuerza de la gravedad o el peso del propio cuerpo durante 30 segundos.

Estiramiento estático activo: se efectúa un estiramiento durante 15 segundos y a continuación se lleva a cabo la parte más activa forzando lentamente 15 segundos más la postura.

Estiramiento estático activo.

Estiramiento estático activo 2: igual que el anterior pero añadiendo una fuerza externa –un compañero, una toalla, una goma elástica...– durante 20 segundos o más.

Estiramiento estático activo 2.

El método estático que se trabajó en el Primer Ciclo es el de **Bob Anderson** (estiramientos prolongados de diez segundos a un minuto). Otro método es la FNP, que estudiaremos a continuación.

En cualquier tipo de ejercicio corporal, es esencial ser conscientes de la respiración, haciendo respiraciones completas y controladas. Con ello también se mejora la concentración.

El método FNP se inicia con un estiramiento forzado que dura de diez a treinta segundos.

FNP* (facilitación neuromuscular propioceptiva):

Se puede resumir en la técnica **estiramiento-contracción-relajación**. Se hace en parejas y consiste en los siguientes pasos:

1. Se inicia con un **estiramiento forzado** por una persona (estiramiento pasivo) durante un tiempo de entre diez y treinta segundos.

El método pasivo alterna la tensión muscular con la relajación.

El estiramiento con rebote consiste en estirar al máximo el músculo, tras lo cual lo relajaremos y estiraremos en pequeños rebotes.

2. A continuación, se efectúa una **contracción isométrica** durante diez segundos, mientras la pareja resiste el contramovimiento.
3. Relajación de dos segundos (soltando el aire) y se reanuda el **estiramiento forzado y pasivo** durante unos diez segundos, procurando colocar el miembro que se trabaja lo más lejos posible.

(*) Más conocida como PNF (*propioceptive neuromuscular stretching*).

Este método de estiramiento fue defendido en los años ochenta en la escuela sueca por **Sven Solveborn**, que ideó un método similar:

1. Se produce una fuerza en **tensión isométrica** (sin movimiento) del grupo muscular elegido durante seis segundos.
2. Después, se hace una **relajación** total.
3. A continuación, se adopta la postura de máxima amplitud articular de **estiramiento** (sin dolor) durante un lapso de tiempo de entre diez y treinta segundos.
4. Al final, se recupera lentamente la posición inicial.

6. Métodos dinámicos

Los métodos dinámicos están más encaminados a la movilidad articular que a la elongación específica. Se llevan a cabo a partir de una contracción acompañada del estiramiento de la articulación. Combinan **contracción** y **estiramiento** desde una actuación más funcional.

Tiempo atrás, este tipo de estiramientos, sobre todo los rebotes y balísticos, se consideraban nocivos para el músculo, pero si se aplican correctamente ayudan a mejorar la flexibilidad y son el mejor método de preparar el músculo para un gesto deportivo concreto. **Este método solo lo deben aplicar personas iniciadas y con un cierto nivel de formación**.

- **Estiramientos con rebotes:** se estira el músculo y, al notar el máximo estiramiento, se realizan pequeños rebotes de forma repetitiva.
- **Estiramientos balísticos:** el estiramiento se produce mediante un movimiento impulsado, como un balanceo o una potente contracción muscular de los músculos responsables del movimiento. Este tipo de movimiento se adapta al reflejo de estiramiento de cada persona (reflejo miotático) y es necesario no sobrepasar este umbral.
- **Estiramientos con tensión activa:** es un tipo de estiramiento que sirve para preparar el músculo con vistas a una actividad deportiva. Es algo más complejo de llevar a cabo porque combina el estiramiento con la contracción del músculo.

Se comienza realizando un estiramiento estático del músculo durante unos seis segundos, para luego realizar un movimiento en contra del estiramiento, es decir, una contracción del músculo implicado durante seis segundos más.

	1. Estiramiento estático durante 6 segundos. 2. Contracción del cuádriceps haciendo el movimiento de chutar una pelota, como al elevar la pierna.
	Con las piernas juntas, mientras se extienden las rodillas, se eleva la zona dorsal flexionando la columna. Así se consigue estirar toda la cadena posterior. Se expulsa el aire a medida que se flexiona la zona dorsal.
	Esta posición en equilibrio activa y estira la musculatura posterior de la pierna.

Este tipo de estiramiento se utiliza para los calentamientos de baloncesto, fútbol, voleibol, tenis, etc. Prepara de una manera más funcional el músculo que entrenamos.

i

Gimnastas, bailarines y practicantes de algunas artes marciales como el taekwondo realizan estiramientos balísticos habitualmente para mantenerse, mejorar y prepararse para acciones específicas.

Para la activación o calentamiento previo a la actividad deportiva, hacemos estiramientos dinámicos.

Para volver a la calma y estirar después de la actividad deportiva, hacemos estiramientos estáticos.

¿Qué sistemas son mejores, los dinámicos o los estáticos?

Los sistemas dinámicos y activos se utilizan en los calentamientos de activación de una actividad física concreta, para preparar de una manera más funcional el músculo para la práctica deportiva. Cuando la actividad deportiva requiere que la musculatura se someta a altas tensiones o intensidades en duraciones cortas, o el deporte pide mucha velocidad de movimiento, son positivos los estiramientos balísticos, aunque, por salud, no se suele recurrir a ellos.

Los **estiramientos estáticos** se suelen llevar a cabo al final de la práctica deportiva, para mejorar la elongación del músculo después del acortamiento por contracción. El estiramiento estático es el método de estiramiento más común y sencillo para incrementar la flexibilidad del músculo.

Antes de iniciar una sesión, podemos calentar con series de estiramientos dinámicos.

Después de la sesión, volvemos a la calma con series de estiramientos estáticos.

7. ¿Cuántos días a la semana hay que entrenarse para obtener los beneficios de la flexibilidad?

Después de permanecer seis horas sentado en una silla, hacer un tipo de actividad física determinado sin un trabajo de flexibilidad adecuado puede convertirse en un deporte de riesgo.

La **práctica continuada** de los estiramientos mejora la flexibilidad del músculo y el rango de movimiento de la articulación. Si estiramos sistemáticamente cuatro días a la semana, los resultados son visibles al cabo de **dos o tres semanas**. Pasado este tiempo, podremos observar la mejora en cualquier músculo estirado y ese beneficio se puede mantener durante varias semanas.

¿Sabías que...?

- La flexibilidad alcanza su plenitud en las primeras etapas de la vida, y luego va disminuyendo de forma lenta pero constante.
- En rehabilitación y después de una inmovilización, la flexibilidad ayuda a recuperar el movimiento.
- Después de un entrenamiento específico de flexibilidad de las articulaciones y músculos de la columna vertebral, podemos aumentar de talla porque «descomprimimos» los discos intervertebrales.

Los estiramientos de músculos y articulaciones de la columna vertebral provocan la descompresión de los discos intervertebrales.

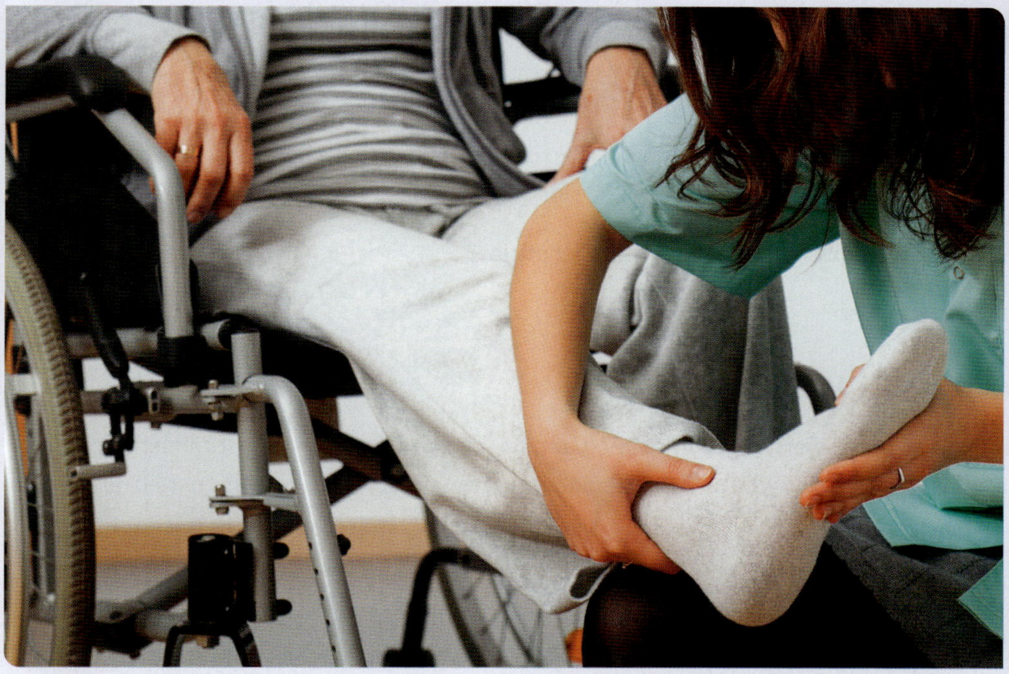

Los estiramientos y las contracciones son fundamentales en un proceso de rehabilitación.

Adquisición de saberes

- Control de resultados y variables fisiológicas básicas como consecuencia del ejercicio físico.
- Autorregulación y planificación del entrenamiento.
- Educación postural: movimientos, posturas y estiramientos ante dolores musculares.
- Cuidado del cuerpo: calentamiento específico autónomo.
- Creación de una identidad corporal definida y consolidada.

Actividades finales

a. Conceptos y conocimientos

1. Copia en tu libreta y completa los enunciados con las palabras siguientes:

amplitud, disminuyendo, reflejo miotático, receptores, músculo-tendón, respiración, muscular, defensa

- La flexibilidad y la elasticidad facilitan la disminución de la tensión [redacted] y, por tanto, la realización correcta de movimientos, previenen lesiones y facilitan la recuperación del [redacted] después de la práctica de actividad física.
- La flexibilidad es una cualidad que va [redacted] a lo largo de la vida.
- El músculo dispone de unos [redacted] neuronales, es lo que se llama [redacted] que, cuando estamos entrenando la flexibilidad, se activa al detectar un cambio en la longitud y la velocidad en que se produce el estiramiento.
- El reflejo miotático es un mecanismo de [redacted] que tiene el cuerpo para evitar lesiones.
- El entrenamiento de la flexibilidad habitúa al cuerpo a la nueva [redacted] de movimiento y reduce la emisión de la orden o señal del reflejo.
- En cualquier estiramiento es esencial ser conscientes de la [redacted].

2. Responde.

a) Piensa en los estiramientos que realizas en las sesiones de educación física o en la actividad física habitual: ¿son estiramientos estáticos o dinámicos?

b) ¿Cuántos días a la semana hay que entrenar la flexibilidad para obtener beneficios?

c) ¿En qué etapa de la vida tenemos más flexibilidad?

3. Describe las fases de la facilitación neuromuscular propioceptiva (FNP).

Actualmente, la tendencia del calentamiento es hacer **ejercicios con tensión activa**, porque se combina el estiramiento con la contracción del músculo, es decir, la fuerza con la flexibilidad. Con este método se activa mejor la musculatura para la práctica deportiva posterior.

- ¿Cómo se practica este tipo de ejercicios?
- Explica y dibuja en tu libreta un ejemplo de estos ejercicios.

4. Define en tu libreta los siguientes conceptos:

- Flexibilidad.
- Músculos posturales.
- Reflejo miotático.
- Estiramiento estático pasivo.
- Estiramiento balístico.

5. Explica con tus propias palabras de qué manera condicionan la flexibilidad los siguientes factores:

- La edad.
- El sexo.
- La hora del día.
- La temperatura ambiental.

6. Indica en tu libreta a qué tipo de entrenamiento de la flexibilidad se refieren los siguientes enunciados, estático, dinámico o ambos:

a) Mantiene la elongación muscular (estiramiento) durante un breve periodo de tiempo.

b) Está encaminado a la movilidad articular.

c) Permite que el músculo se habitúe a la nueva amplitud de movimiento.

d) Está encaminado a la elongación muscular.

e) Permite un alto control de la postura que hay que adoptar para obtener una elongación muscular

f) Es apropiado para personas iniciadas y con un cierto nivel de formación.

b. Pensando en mí

7. Copia el cuadro que te proponemos y elabora en tu libreta una tabla de ejercicios de flexibilidad para poder practicar cada día en casa de manera fácil en 5 o 10 minutos. Indica cómo hay que hacer el ejercicio: respiración, tiempo de ejecución, etc.

Recuerda dedicar el 50 % de los ejercicios a la cadena posterior: espalda, isquiotibiales, gemelos, tendón de Aquiles y espalda.

Ejercicio 1 (dibujo/imagen)	Indicaciones	Ejercicio 2 (dibujo/imagen)	Indicaciones
Ejercicio 3 (dibujo/imagen)	Indicaciones	Ejercicio 4 (dibujo/imagen)	Indicaciones
Ejercicio 5 (dibujo/imagen)	Indicaciones	Ejercicio 6 (dibujo/imagen)	Indicaciones
Ejercicio 7 (dibujo/imagen)	Indicaciones	Ejercicio 8 (dibujo/imagen)	Indicaciones
Ejercicio 9 (dibujo/imagen)	Indicaciones	Ejercicio 10 (dibujo/imagen)	Indicaciones

8. ¿Qué tipo de ejercicios de flexibilidad músculo-tendón deberían hacerse en los siguientes casos?:

a) Alguien que se inicia en la práctica deportiva aprendiendo a controlar el estiramiento muscular.

b) Alguien que necesita un grado más de elongación muscular y que no logra sentir el estiramiento de la articulación de manera completa.

c) Alguien que quiere trabajar de una manera más global las articulaciones y su movilidad.

d) Alguien que está haciendo el calentamiento para jugar un partido de fútbol.

e) En el calentamiento de un deporte con exigencia de movimientos muy rápidos y controlados, con deportistas con experiencia.

Si nos conocemos mejor y tomamos conciencia de nuestro cuerpo, podremos prevenir o solucionar los desequilibrios o dolores que se pueden producir.

5

La postura corporal

#AdiósDolorEspalda

¿Has pensado alguna vez que los alumnos pasáis una media de seis horas diarias sentados? ¿Te sientas bien?

¿Sabías que cuando estás de pie algunos músculos permanecen en una ligera y constante contracción?

En la niñez, la postura corporal es erecta y la movilidad de las articulaciones, completa. Los hábitos diarios (sentarse, caminar...), las emociones y las patologías conllevan adaptaciones musculares que modifican esa postura a medida que nos hacemos mayores.

Hace unos treinta millones de años nuestros antepasados, que eran cuadrúpedos, evolucionaron hacia el bipedismo (pasaron de caminar sobre las cuatro extremidades a desplazarse en posición erecta sobre los dos pies). Ese cambio significó la liberación de los **miembros superiores** (brazos), que dejaron de tener una función de apoyo, y **las piernas y la columna vertebral** adoptaron una mayor responsabilidad de soporte y postural.

En esta unidad, tratamos de la prevención y corrección de los desequilibrios musculares y las posturas erróneas para poder adoptar las posturas correctas.

Cuando las curvaturas naturales de la columna vertebral son demasiado pronunciadas se convierten en patologías de la espalda que se pueden compensar mediante el ejercicio físico adecuado y la reeducación postural.

1. ¿Qué es la postura corporal?

La postura corporal es la forma de colocar el cuerpo en el espacio: sentados, de pie, tumbados, en movimiento... Se puede definir como la tensión a la que se somete el cuerpo para conseguir la postura ideal con la máxima eficacia y el gasto energético mínimo.

2. La columna vertebral

La columna vertebral (CV) comprende desde la base del cráneo hasta la base del tronco y consta de 33 o 34 vértebras superpuestas que, según su situación, se dividen en cervicales, dorsales, lumbares y sacras.

Cuando el ser humano evolucionó hacia el bipedismo, la CV se convirtió en una articulación de carga y adoptó unas curvaturas para compensar dicha carga.

La primera adaptación fue la curvatura cóncava de la zona lumbar, llamada **lordosis lumbar**. Esta curvatura se compensó con una cifosis a nivel torácico, llamada **cifosis dorsal**, y una **lordosis** a la altura **cervical**.

Estas curvaturas facilitan el equilibrio y, sobre todo, la resistencia de la CV. La lordosis cervical, la cifosis dorsal y la lordosis lumbar son las curvaturas naturales de la CV.

Se calcula que una de cada seis personas que acuden al médico lo hacen por problemas en la espalda y que el 80 % de los humanos viviremos un episodio de dolor de espalda a lo largo de la vida. El problema es que estas complicaciones afectan a personas cada vez más jóvenes.

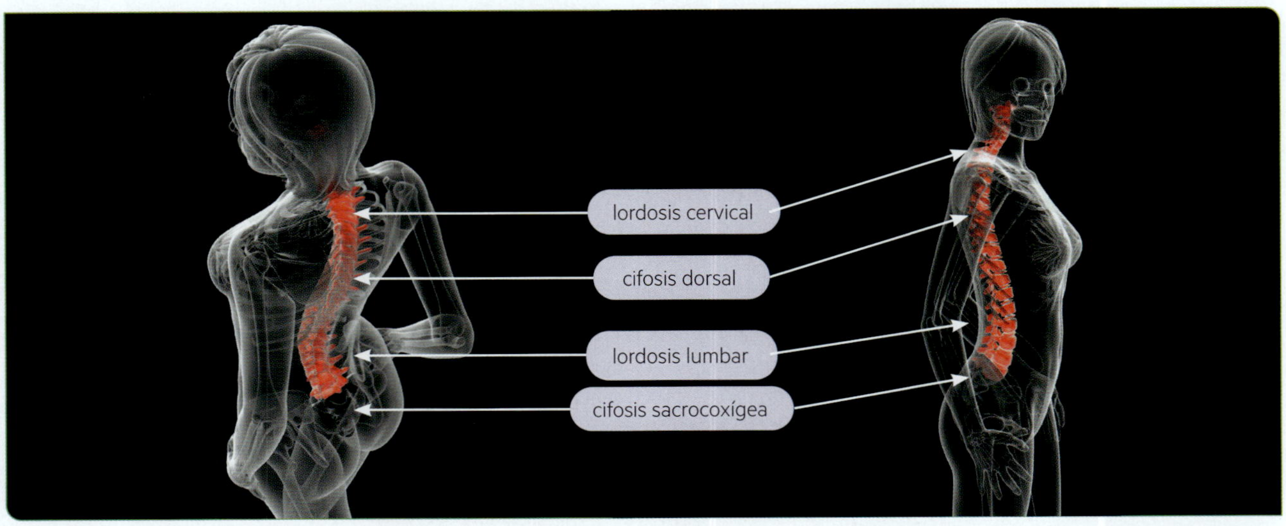

3. Posición de pie

En posición vertical, el cuerpo humano se comporta luchando para vencer la fuerza de la gravedad, que lo incita a encorvarse y dejarse llevar por el propio peso.

Esta lucha por mantener la postura está a cargo de dos tipos de músculos:

- Los **músculos tónicos o posturales**, necesarios para mantener una postura determinada: son músculos de apoyo y estabilizadores, más fuertes y numerosos que los músculos fásicos, y están en contracción ligera pero constante. Tienden a acortarse y es necesario estirarlos. Por ejemplo, los músculos lumbares e isquiotibiales.
- Los **músculos fásicos**, que se utilizan en las habilidades motoras: son los músculos del movimiento, más débiles y en menor número que los músculos tónicos. Se debilitan por falta de tono muscular y es necesario potenciarlos. Por ejemplo, los músculos abdominales.

Para mantener la buena salud de la espalda hay que lograr un equilibrio entre la musculatura postural y la fásica, es decir, entre el músculo fuerte y el débil. Los músculos posturales que están en constante contracción hay que estirarlos, y los fásicos, que tienden a la relajación, deben entrenarse para hacerlos más fuertes.

Debemos fortalecer la musculatura fásica y estirar la musculatura tónica.

Un ejemplo de desequilibrio lo vemos en los músculos abdominales, que se debilitan por estar junto a músculos fuertes, como los lumbares y el diafragma (músculo de la respiración). Si el grupo muscular abdominal está demasiado relajado, se produce un aumento anormal de la lordosis lumbar y hay que hacer un buen refuerzo de los abdominales.

Para mantener nuestra salud postural debemos tonificar nuestros músculos posturales con estiramientos.

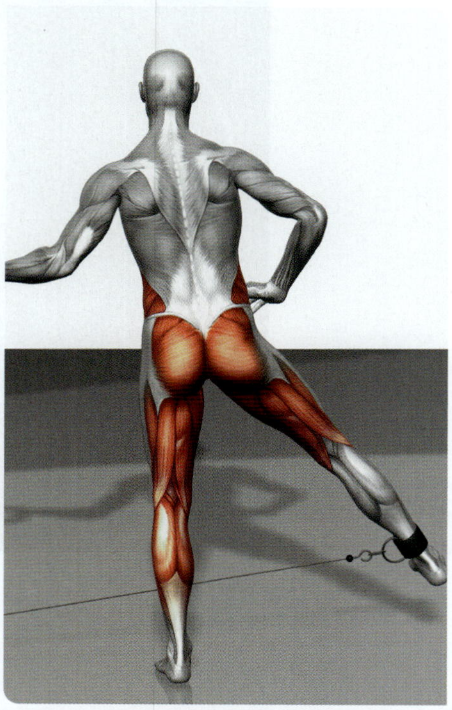

Para mejorar nuestra salud muscular debemos hacer ejercicios para fortalecer los músculos fásicos como los abdominales o los glúteos.

¿Cuáles son los músculos tónicos y cuáles los fásicos?

Músculos posturales o tónicos	Músculos fásicos
es necesario estirarlos	**es necesario fortalecerlos**
gemelos psoas ilíaco recto femoral (músculo interno del cuádriceps) isquiotibiales abductores cuadrado lumbar trapecio (parte descendente) pectoral (mayor) bíceps braquial	abdominales glúteos romboides tríceps fijadores de la espalda trapecio (parte ascendente)
tienden a acortarse	**tienden a debilitarse**

La zona lumbar

Una postura mantenida mucho tiempo, como por ejemplo estar de pie o pasarse una tarde comprando, caminando despacio, a menudo produce sobrecarga en la musculatura lumbar, que es un músculo fuerte o tónico. Para evitar este problema, es necesario fortalecer la **musculatura abdominal** y estirar la zona lumbar.

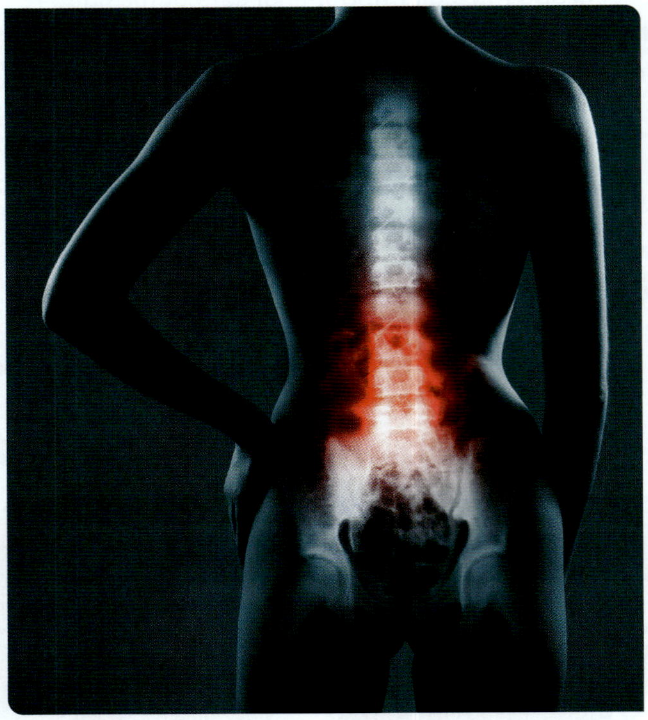

A menudo, los dolores lumbares pueden aliviarse corrigiendo la postura y fortaleciendo la musculatura fásica abdominal.

Si el grupo muscular abdominal está muy relajado se produce un aumento anormal de la lordosis lumbar (curvatura de la zona baja de la espalda).

A menudo, la solución para los dolores de espalda crónicos o habituales es corregir la postura corporal

Estiramientos y tonificaciones

Grupo muscular tónico (fuerte)	Estiramiento	Tonificación	Grupo muscular fásico (débil)
isquiotibiales			cuádriceps
			abdominales
cuadrado lumbar			
abductores	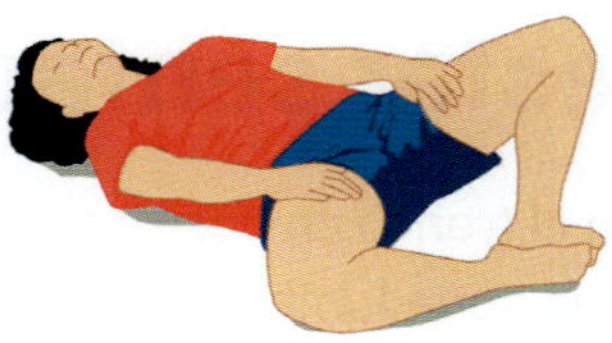		
			glúteos

Estiramientos y tonificaciones			
Grupo muscular tónico (fuerte)	**Estiramiento**	**Tonificación**	**Grupo muscular fásico (débil)**
psoas ilíaco			
vertebrales	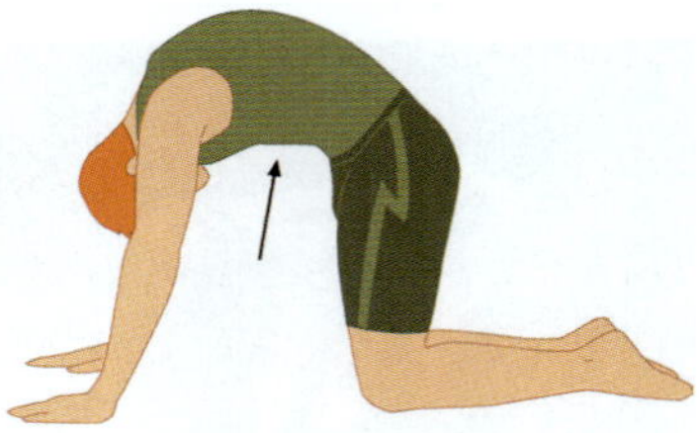		
paravertebrales			

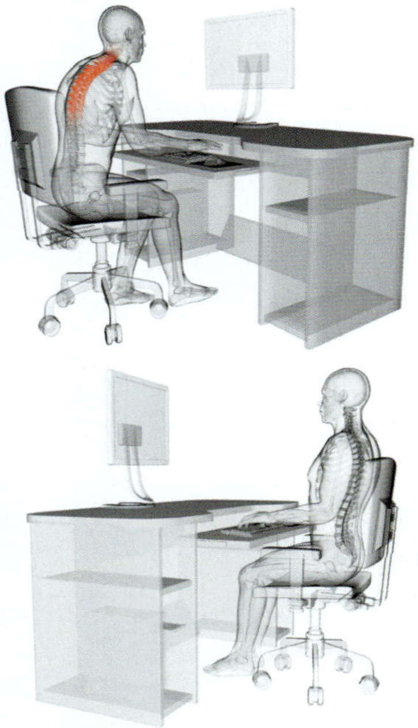

4. Recomendaciones para la postura al estar sentados

- El equilibrio óptimo es con el tronco en posición vertical, evitando que la columna se arquee y apoyando la zona lumbar.
- Los antebrazos deben estar apoyados en la mesa, intentando mantener los hombros tan relajados como sea posible, evitando, por tanto, encogerlos. La idea es levantarse desde la zona cervical sin encoger los hombros, manteniéndolos separados.
- La altura del asiento debe permitir apoyar los pies en el suelo y evitar la compresión que puede causar el borde del asiento.
- Hay que sentarse tratando de favorecer el apoyo completo de la pierna en la silla: el isquion debe apoyarse sobre el asiento; el error más frecuente es apoyar la zona sacra.

Al trabajar con el ordenador

Observa las dos fotos de la derecha... **¿Te sientes identificado?**

El chico de arriba tiene la pantalla demasiado baja, lo que provoca tensión en la zona cervical y el antebrazo derecho, que no está sobre la mesa. La chica de abajo tiene el ratón demasiado apartado del cuerpo, y el antebrazo no se apoya sobre la mesa, lo que provoca tensión en los hombros y en las cervicales. Ambos acentúan la cifosis dorsal.

Si sigues estos consejos, cualquier pequeño cambio hará mejorar tu postura ergonómica:

- El centro del monitor debe estar a **la altura de los ojos** o ligeramente por debajo.
- Colocar **las piernas horizontales**, de modo que las rodillas formen un ángulo recto o ligeramente obtuso. Un reposapiés inclinado ayuda a mantener esta postura.
- **El peso** debe gravitar sobre los glúteos y no sobre las piernas.
- **La zona lumbar debe contactar con la silla**, manteniendo la columna en posición vertical (hay que tener la zona abdominal tonificada para poder mantener la espalda recta).
- Es recomendable que **los antebrazos** queden paralelos al suelo y cerca del cuerpo.
- Procurar tener todos los objetos que se usan a una **distancia cómoda**, es decir, a mano. Al copiar datos de un papel, por ejemplo, hay que colocarlo de manera que no haya que girar la cabeza cada vez, sino que tan solo con el desplazamiento de la mirada se pueda trabajar.
- **Acercar la zona cervical a la altura de la columna**, es decir, no dejar caer la barbilla adelante. De este modo se pueden evitar dolores cervicales.
- Para poder interaccionar con la altura de la silla, el monitor y el ratón, es necesario que todo sea independiente. Los ordenadores portátiles obligan a adoptar posturas inadecuadas; por tanto, en la medida de lo posible, se debería trabajar con ordenadores de sobremesa.

5. Recomendaciones para dormir

Pasamos de 6 a 8 horas durmiendo, por lo que es importante invertir en un buen colchón: ni demasiado blando ni demasiado duro.

Una vez tengamos un buen colchón, hay que buscar la mejor postura para conseguir una alineación correcta de la CV y evitar el dolor de espalda.

La postura ideal es de lado con las piernas encogidas o flexionadas: al dormir de lado, el cuello y la cabeza deberían descansar en una posición neutra. Esto se puede conseguir con una almohada que mantenga alineada la cabeza con el cuello.

6. La postura corporal óptima

La **postura corporal óptima** es la alineación simétrica y proporcional de todo el cuerpo en relación con el eje de gravedad, de manera que se genere el mínimo estrés sobre los tejidos corporales (huesos, músculos, tendones...). Es, esencialmente, una postura equilibrada.

- La cabeza: debe colocarse hacia arriba, intentando separar el cuello de los hombros. La barbilla debe estar alineada, ni demasiado alta (hacia atrás) ni demasiado baja (hacia delante).

  El cuello y la nuca deben alargarse hacia la vertical, como si quisiéramos tocar el techo con la cabeza.

- Los hombros: es necesario disminuir la tensión de los hombros y no dejar que se acerquen a las orejas, sino en dirección contraria.

  En una visión lateral, los hombros no deberían estar adelante ni atrás. Los brazos se deben dejar relajados.

- El tronco: es la zona comprendida entre el cráneo y la base de los glúteos; engloba toda la columna vertebral y todos los órganos principales. Es necesario sentarse con la espalda recta, como si quisiéramos tocar el techo con la cabeza.

- El vientre: se debe hundir el vientre y empujar el ombligo hacia la columna vertebral utilizando los músculos abdominales (es necesario repetirlo varias veces). No hay que confundir la presión contra la columna vertebral con la contracción del estómago, ya que cuando el estómago se contrae contenemos la respiración, y es lo contrario de lo que intentamos. Hay que procurar que la respiración siga siendo automática.

Los diferentes segmentos del cuerpo trabajan juntos, como si fueran los eslabones de una cadena. El movimiento de un eslabón ocasiona el movimiento del siguiente y así sucesivamente. Esto quiere decir que un cambio en una determinada parte del cuerpo puede alterar el alineamiento de otra articulación o músculo, aunque esté muy alejado. Por ejemplo, un pie plano puede ocasionar una torsión de la tibia y, a la vez, del fémur, lo que puede llegar a afectar la zona lumbar, los pectorales y hasta el cuello.

Por esta razón, es importante detectar cualquier irregularidad para poder corregirla a tiempo.

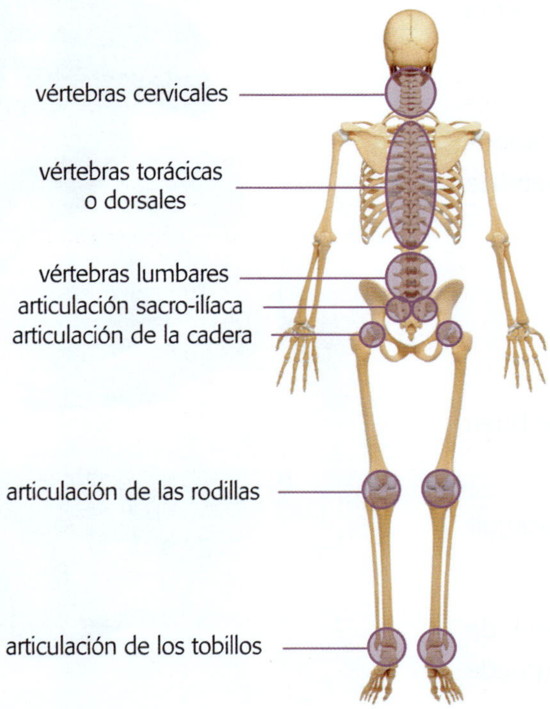

7. Factores que influyen en la postura corporal

Los factores que influyen en la postura corporal son muy diversos:

- **Hereditarios y anatómicos:** particularidades con las que nacemos, como características de las extremidades (rodilla valga o vara, pies planos o huecos, etc.), de la CV, flexibilidad, lateralidad.
- **Psicológicos y emocionales:** como el sistema nervioso central es el encargado de controlar y regular los movimientos, esto implica que el estado de ánimo y las tensiones acumuladas también influyen en la postura. Por ejemplo, cuando una persona se siente alegre y confiada, su postura será más erecta y segura; si, por el contrario, se encuentra abatida, adoptará una postura más rígida.
- Los **objetos** con los que el cuerpo interactúa, por ejemplo, las sillas, la cama y la mochila.
- Los **estímulos o aprendizajes** que se reciben del exterior y que, mediante un proceso interno (actitud), se ajustan y modifican a la propia realidad para que contribuyan positivamente en la vida diaria, por ejemplo, los conocimientos para sentarse correctamente.
- El **entrenamiento o deporte** que se practica también afecta al biotipo. Por ejemplo, un culturista tiene un biotipo diferente que un nadador o un escalador.
- La **profesión o actividad** diaria: por ejemplo, es diferente un conductor de autobús que permanece siete horas al día sentado que un profesor de Educación física.
- El **sobrepeso** también hace variar la postura corporal.

La **inactividad física** o el **exceso de trabajo muscular**. Tanto el exceso de musculatura como la atrofia muscular pueden afectar negativamente a la postura corporal.

Los deportistas especializados, como los nadadores, tienen biotipos distintos que se reflejan en su postura.

La condición física y el sobrepeso condicionan nuestra postura corporal.

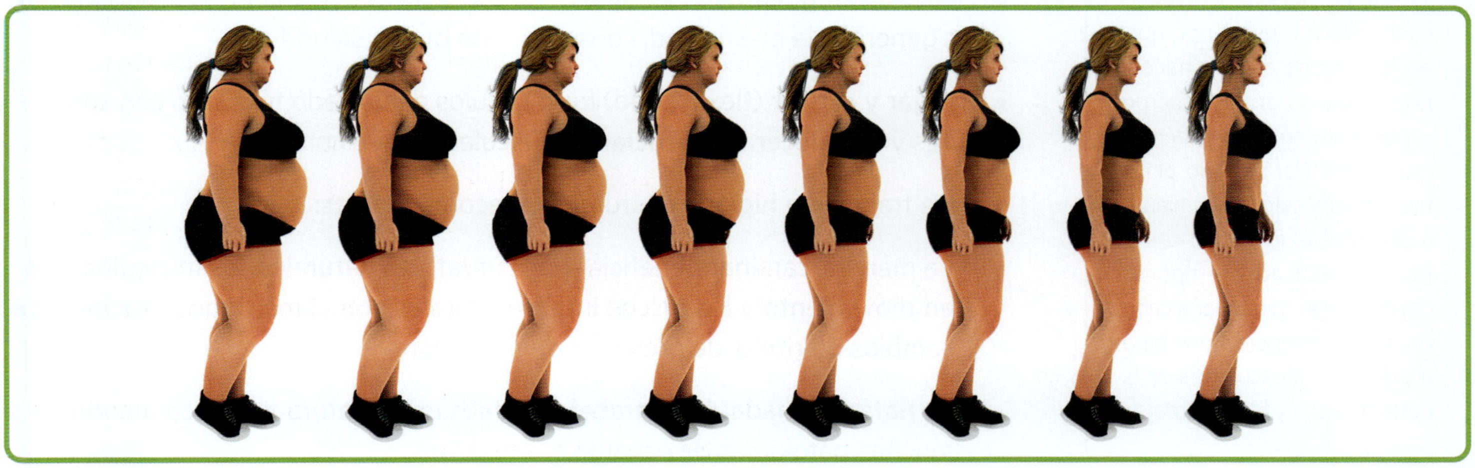

La mochila debe llevarse centrada con el peso repartido entre ambos hombros.

Sucesión correcta de movimientos para levantar un peso.

Hay deportes que provocan desequilibrio muscular porque, en los gestos que se hacen, predomina un lado del cuerpo y, por tanto, se desarrolla más que el otro. Por ejemplo, el tenis, el baloncesto (lanzamiento a canasta), el fútbol (el chut), etc. Al practicar este tipo de deportes hay que llevar a cabo un trabajo compensatorio para equilibrar la musculatura de la parte derecha y la izquierda.

8. Cuidemos la espalda con actividades de la vida diaria

- **Es recomendable llevar los libros en un carro o bolsa con ruedas**, pero si se utiliza una cartera o mochila, carguémosla centrada, nunca a un lado u otro de la espalda. Por poco que sea, el peso crea un desequilibrio en la musculatura de la espalda y, en consecuencia, en la columna vertebral. Si transportamos peso (mochila, bolsa de la compra...), repartámoslo equilibradamente entre las dos partes del cuerpo.
- **Antes de cargar** asegurémonos de que **el apoyo de los pies sea firme y estable** y de que **no hacemos rotaciones de columna**. Mientras se tiene un peso entre las manos, los discos vertebrales sufren.
- **Para coger una carga desde el suelo**, hagámoslo con las piernas flexionadas y la espalda recta, evitando que las fuerzas se centren en la zona lumbar. Esto debe aplicarse a cualquier tarea doméstica, como hacer la cama –por ejemplo, al levantar el colchón–, o coger una caja de fruta.
- Hay que llevar la **carga pegada al cuerpo**. Cuanto más lejos llevemos el peso del centro de gravedad (entre el ombligo y el pecho) más desequilibrio de fuerzas se produce y más sufre la columna vertebral.
- Si el objeto no está en el suelo, sino sobre un estante o un mueble, hay que tener presente que **no debemos levantar los objetos más arriba de la altura del pecho**, y nunca por encima de los hombros. Si es necesario colocarlos arriba, subamos a un taburete... Y si pesan mucho, busquemos ayuda.

9. Y nosotros, ¿qué podemos hacer?

- Tomar conciencia de los momentos en que adoptamos posturas perjudiciales, estudiando, descansando..., y cambiarlas.
- Hacer con regularidad ejercicio físico que contribuya a la tonificación muscular general y la elasticidad; conservar una buena salud física.
- **Relajar y estirar** (flexibilidad) los músculos demasiado tónicos o con contracturas y **fortalecer o potenciar** la musculatura que convenga.
- Para trabajar la higiene postural son recomendables:
  - La marcha: caminar beneficia a las curvaturas naturales, los músculos están en movimiento y los discos intervertebrales son alimentados gracias a los cambios de ritmo, de presión y de relajación.
  - La natación: nadar hace trabajar toda la musculatura y se recomienda para muchas patologías de espalda.

- La bicicleta: es un tipo de actividad sin sobrecarga en las articulaciones de los miembros inferiores.
- El remo: es un ejercicio físico muy equilibrado para la columna vertebral, sobre todo si se hace en banco móvil.
- El esquí de fondo: tiene un efecto muy beneficioso sobre la columna vertebral.
- Disciplinas que en las últimas décadas están teniendo mucha aceptación y están directamente relacionadas con el estiramiento, la tonificación general y la respiración: método Pilates, tai-chi, baile, yoga, etc.

10. La respiración y la posición corporal

En ocasiones nos vemos afectados por tensiones o angustias que provocan un cambio en la respiración, acelerándola y haciéndola incompleta. Esto puede provocar dolores o contracturas crónicas localizadas en la espalda, sobre todo en la zona dorsal y en la cervical. Es una tensión involuntaria que impide relajar la musculatura y, por tanto, variar la posición corporal.

La respiración forma parte de un ritmo esencial, y al normalizarla se facilita la relajación y el retorno de la energía. Una respiración completa debe llegar hasta el vientre o la parte más baja del abdomen.

Los ejercicios de relajación y respiración sirven para reducir el estrés y las tensiones. Es muy adecuado hacerlos antes de acostarse, sobre todo aquellos días en los que nos sentimos alterados y/o nerviosos.

La natación, la bici o el yoga son buenos ejercicios para trabajar nuestra tonificación muscular.

¿Sabías que...?

- La cabeza pesa entre cuatro y cinco kilos. Una parte de ese peso la deben soportar los músculos de la parte posterior del cuello, que acabarán por fatigarse y ocasionar una contractura si no se pone remedio.

Adquisición de saberes

- Educación postural: movimientos, posturas y estiramientos ante dolores musculares.
- Pautas para tratar el dolor muscular de origen retardado.
- Ergonomía en actividades cotidianas (frente a pantallas, ordenador, mesa de trabajo y similares).

Actividades finales

a. Conceptos y conocimientos

1. **¿Cómo se ha adaptado el cuerpo humano en la evolución de la postura corporal desde la posición cuadrúpeda hasta la bípeda?**

2. **Dibuja en tu libreta una columna vertebral como la que has visto en la unidad y señala el nombre de las curvas anatómicas naturales del cuerpo humano: lordosis lumbar, cifosis dorsal y lordosis cervical.**

3. **Responde estas cuestiones:**

a) ¿Cuántas vértebras tiene la columna vertebral?

b) ¿Qué características y función tienen, por un lado, los músculos tónicos y, por otro, los músculos fásicos de nuestro cuerpo?

c) ¿Por qué son importantes para tener una buena postura corporal?

4. **Distribuye los siguientes músculos en tu libreta según si son fásicos o tónicos. Intenta hacerlo sin mirar el libro, utilizando el sentido común y observando cómo tienes los músculos del cuerpo: muy desarrollados o poco desarrollados (con mucha o poca fuerza).**

trapecio
pectoral
gemelos
abdominales
glúteos
isquiotibiales
tríceps
cuadrado lumbar
abductores
recto femoral (cuádriceps)
bíceps del brazo

5. **Dibuja en tu libreta un sistema muscular como el que ves en las imágenes y situa los músculos de la lista anterior. Pinta con dos colores diferentes los dos tipos de músculos.**

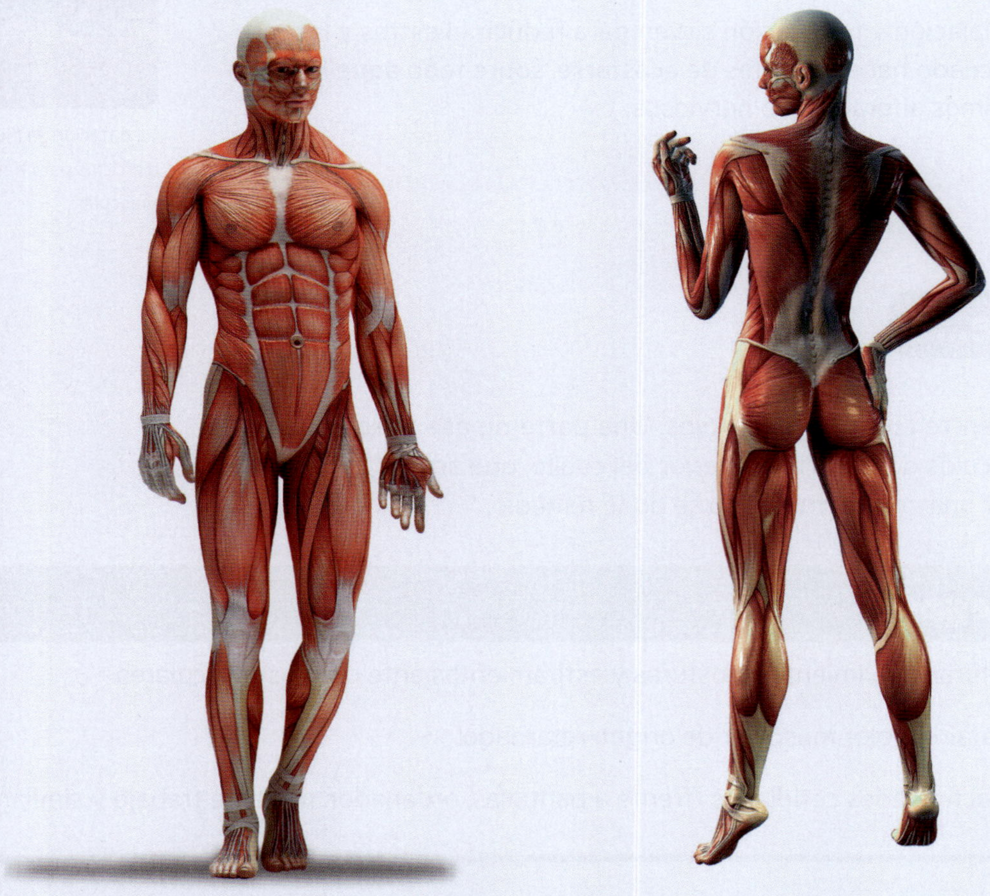

b. Pensando en mí

6. En parejas o en grupos de tres, observad vuestro cuerpo y analizad qué postura corporal tenéis. Si no tienes claro cómo responder a alguna de las características, puedes escribir «no lo sé».

Columna:
Lordosis lumbar
Cifosis dorsal
Lordosis cervical
Piernas:
Rodillas hacia adentro (rodilla valga o *genu valgum*) (en forma de x)
Rodillas hacia fuera (rodilla vara o *genu varum*) (típico de los futbolistas)

Pies:
Pies planos (poco puente)
Pies huecos (mucho puente)
Articulación:
Hiperlaxitud de alguna articulación
Rigidez de alguna articulación (cadera, hombro, espalda)

Flexibilidad:
Poca flexibilidad isquiotibial
Poca flexibilidad escapulohumeral (abrir brazos hacia atrás)
Espalda:
Dolor de espalda habitual lumbar
Dolor de espalda habitual cervical
Dolor de cabeza habitual

a) ¿Has sufrido lesiones o traumatismos con inmovilización? ¿Te han operado de alguna parte del cuerpo a lo largo de tu vida? ¿Crees que te has recuperado bien?

b) ¿Crees que tienes debilidades que afectan a tu postura corporal?

7. Por parejas, llevad a cabo las observaciones que se describen.

a) Uno de vosotros se pondrá de pie con la espalda pegada a la pared y los pies y las piernas un poco más avanzados formando una diagonal con el cuerpo. Debe concentrarse en el control de la musculatura, para que la zona lumbar quede totalmente pegada a la pared, «llevando el ombligo contra la columna vertebral», y concentrado también en los hombros y la zona lumbar.

Desde esa posición, levanta los brazos hacia delante lentamente hasta que la espalda no pueda continuar pegada a la pared y, en este punto, sostén la postura 4 o 5 segundos. Por último, vuelve a la posición inicial. Repite el recorrido 5 veces.

b) ¿Te cuesta mantener los hombros pegados a la pared?

c) ¿Te cuesta mantener la zona lumbar pegada a la pared?

d) ¿Notas tensión en alguna parte del cuerpo?

e) ¿Qué observa tu compañero o compañera?

f) Uno de los dos debe estar de pie mientras que el otro debe ir corrigiendo la postura en función de la información de la unidad: si ve que los hombros caen demasiado adelante o demasiado atrás, la alineación y la extensión de la columna vertebral, la zona lumbar, etc.

g) ¿Qué te ha costado más mantener en la postura corporal óptima?

h) ¿En qué parte tenías que concentrarte más para mantener una buena postura corporal?

i) ¿Notabas tensión en alguna parte del cuerpo?

Bloque 2

Organización y gestión de la actividad física

Como dijimos en el bloque de contenidos anterior, la mejora de la actividad física sirve a los deportistas para conocer a fondo su cuerpo y trabajarlo correctamente a fin de mejorar sus marcas y destacar en sus especialidades deportivas. Para nosotros, el deporte es importante en la medida en que nos sirve para el cuidado personal del cuerpo en beneficio de la salud.

Para ambos, deportistas profesionales o estudiantes en edad de crecimiento, es importante llevar a cabo una buena gestión de la actividad física. Para llevar a cabo esta gestión deberemos organizarnos y ser muy conscientes de los diferentes usos y las distintas finalidades de la actividad física. Necesitaremos también un buen mantenimiento del material deportivo y una buena planificación de nuestro ejercicio a fin y efecto de evitar accidentes, sobreesfuerzos o sobrecargas y lograr una actividad física que resulte beneficiosa para nuestro cuerpo y nuestra salud.

Unidades

6. El calentamiento

7. La competición

Reto

Llevar a cabo un debate

El calentamiento es una fase imprescindible para la práctica deportiva, tanto en la vida cotidiana como en el ámbito profesional.

6

El calentamiento

#Prepárate

El organismo no puede pasar de una situación de reposo a una de actividad de mayor intensidad sin una preparación previa.

La preparación para cada disciplina deportiva es diferente, ya que los grupos musculares, los movimientos y el material que se utiliza son muy diversos.

El calentamiento específico debe reproducir los gestos y habilidades propias de la disciplina para la cual se realiza el calentamiento.

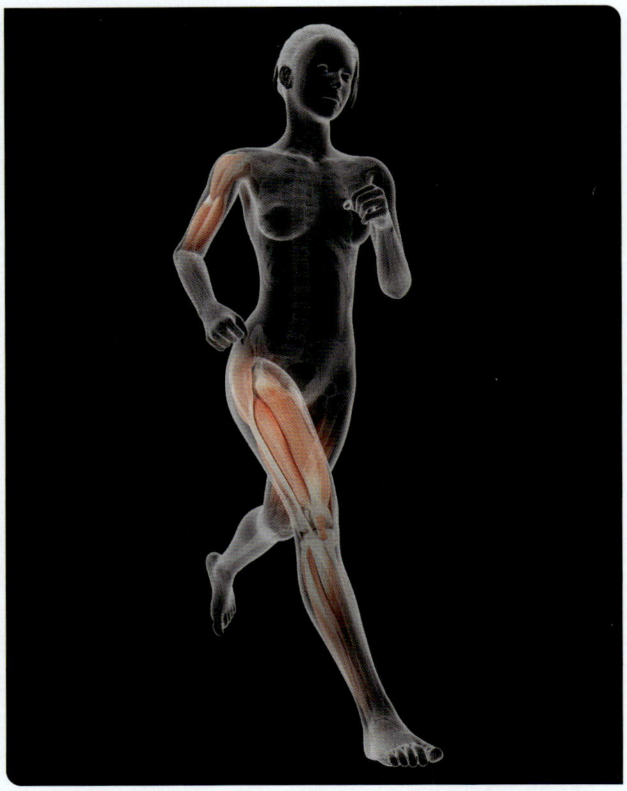

Reconstrucción generada por ordenador de un sistema muscular en carrera.

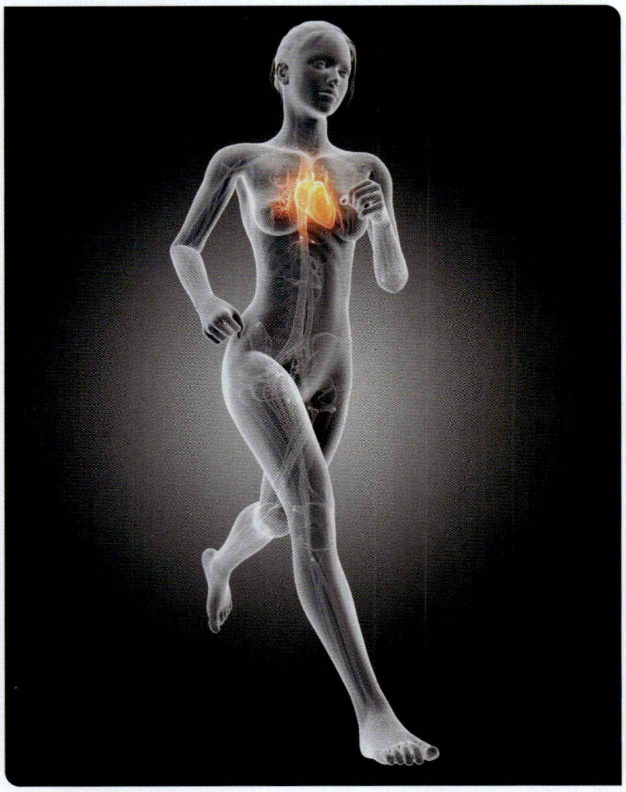

Reconstrucción generada por ordenador de un sistema cardiovascular en carrera.

1. Recordemos

El calentamiento general

Es el conjunto de ejercicios de preparación para la actividad física que activa grandes grupos musculares sin incidir en ninguna parte corporal concreta y sin tener en cuenta la actividad posterior.

Sirve para aumentar la temperatura corporal, mejorar las condiciones físicas y mentales de cara a la actividad, y evitar lesiones.

Efectos sobre el organismo:

- **Sobre el sistema locomotor:** propicia el aumento de la temperatura muscular, que mejora la velocidad de contracción y relajación; también disminuye la viscosidad del músculo y, por tanto, reduce la posibilidad de roturas fibrilares o tendinosas en la musculatura.
- **Sobre el sistema cardiovascular:** la actividad acelera la frecuencia cardiaca y esto permite al corazón bombear más sangre y, por tanto, que envíe más oxígeno a los músculos.

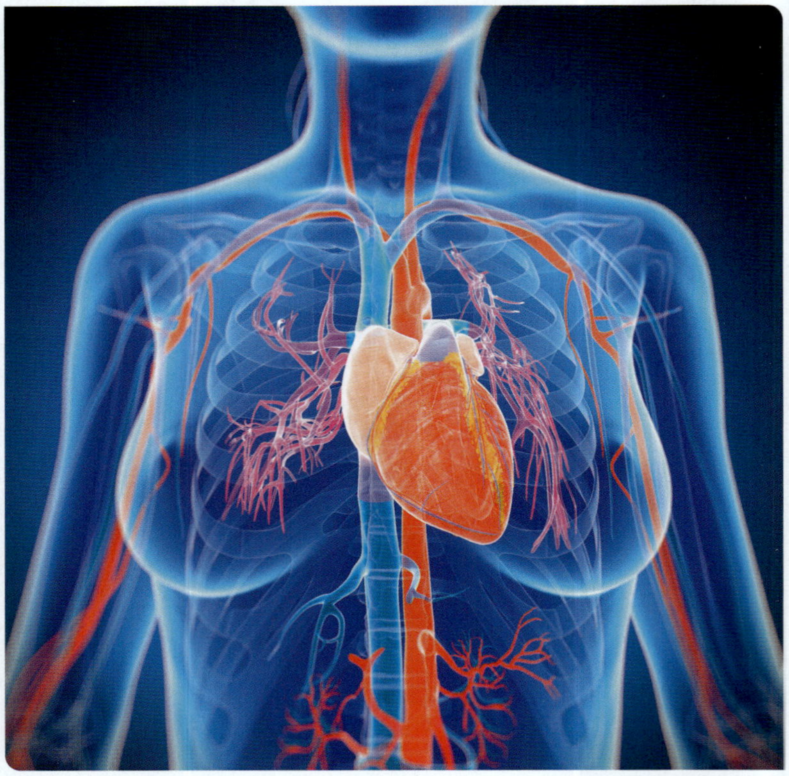

El corazón es el encargado de enviar el oxígeno a los músculos a través de las venas y las arterias.

- **Sobre el sistema respiratorio:** aumenta la frecuencia respiratoria y abre los alvéolos pulmonares, lo cual mejora el aporte de oxígeno a la sangre y la eliminación de dióxido de carbono.
- **Sobre el sistema nervioso:** activa la mente y así mejora la atención y la velocidad de reacción.

Partes del calentamiento

1. Ejercicio suave y progresivo que involucra la totalidad del cuerpo. Se puede empezar con una carrera continua e ir incluyendo movimientos de brazos, intercalando saltos y giros verticales. Otra posibilidad es hacer algún juego de persecución.
2. Ejercicios de movilidad articular y carga moderada de todas las partes del cuerpo, como flexiones de brazos en el suelo o en la pared, ejercicios de abdominales y lumbares en el suelo.
3. Ejercicios de estiramientos de los grandes grupos musculares, extremidades superiores, inferiores, tronco y cuello.

Los ejercicios de estiramiento, son propios del calentamiento, pero siempre que sean dinámicos, para activar la musculatura. Deben contemplar todo el recorrido muscular, aumentando progresivamente la velocidad de ejecución hasta la velocidad próxima a la ejecución técnica que se vaya a realizar posteriormente.

Los estiramientos en la fase de calentamiento deben ser siempre dinámicos.

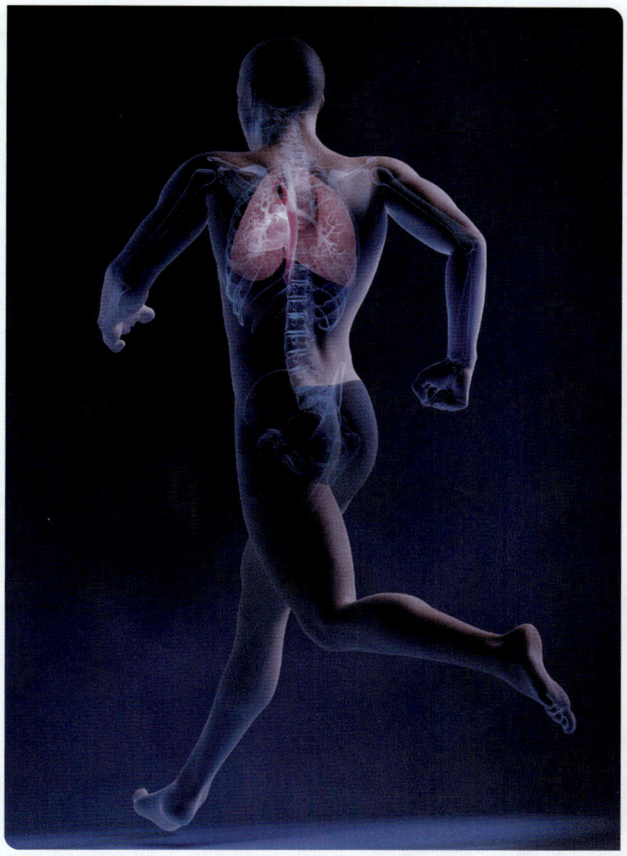

Reconstrucción generada por ordenador de un sistema muscular en carrera.

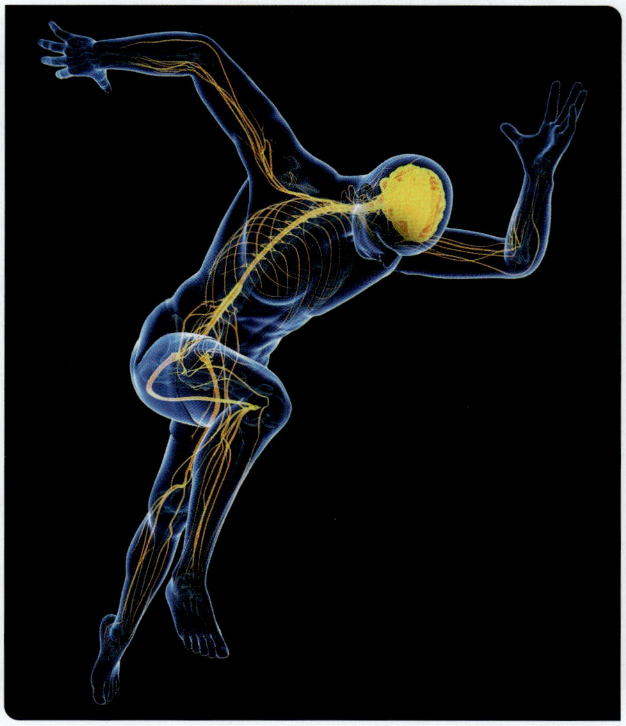

Reconstrucción generada por ordenador de un sistema nervioso en una salida en carrera (velocidad de reacción).

La carrera suave es una parte fundamental de la fase inicial del calentamiento.

La fase específica incluye el calentamiento de los segmentos corporales propios de cada disciplina, como las piernas en el caso del fútbol.

En la fase técnica del calentamiento se incluyen los ejercicios técnicos con el material propio de cada deporte.

Consejos de realización

Duración de diez a quince minutos, con una intensidad suave o moderada que se irá aumentando de forma progresiva y sin interrupciones. Hay que procurar que la movilidad sea progresiva, de movimientos globales a movimientos más específicos y localizados.

Los estiramientos finales deben ser activos, para ganar movilidad, y no pasivos, ya que harían perder el tono muscular alcanzado mediante el calentamiento.

2. El calentamiento específico

Es el que se centra en los grupos musculares que se van a utilizar en la actividad física posterior y consta de acciones y movimientos miméticos en la actividad subsiguiente. Su duración es más larga y puede variar en función de las características de la actividad o deporte que se practicará a continuación.

Estructura

El calentamiento específico suele estructurarse en tres fases:

1. **Fase general**, que se inicia con una activación general mediante una carrera continua y sigue con ejercicios de movilidad articular general, que aumentan de intensidad de forma gradual.

2. **Fase específica**, con desplazamientos específicos de la disciplina, sigue con ejercicios de movilidad articular de los segmentos corporales propios de la disciplina en cuestión, que irán aumentando en intensidad.

3. **Fase técnica**, en la que se realizan los ejercicios técnicos generales con el material propio de la disciplina para la que se hace el calentamiento y, a continuación, ejercicios técnicos específicos del rol deportivo que se desarrolla. Finalmente, se harán estiramientos activos específicos.

Duración e intensidad

La duración es variable, depende de la actividad para la cual se hace el calentamiento y del nivel del individuo que lo realiza. Sea cual sea, debe ser un trabajo continuo, sin pausas.

Su intensidad también dependerá de la actividad posterior; pero, de todos modos, en ningún caso debe comportar ningún tipo de fatiga.

3. ¿Cómo lo podemos hacer?

1. Fase general:

Carrera continua suave durante cinco minutos. Primero, simplemente corriendo, a continuación con movilizaciones variadas de brazos, y finalmente con elevación de rodillas por delante y de talones por detrás.

Después, nos detendremos y movilizaremos los segmentos corporales por orden, desde la cabeza a los pies:

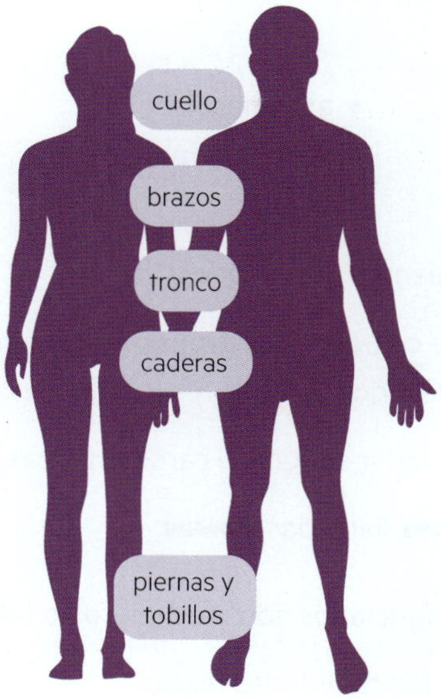

2. Fase específica:

Si calentáramos para un partido de voleibol, realizaríamos series de desplazamientos laterales, adelante y atrás, en posición básica y sin cruzar los pies. Seguiríamos con ejercicios de movilización de brazos y de saltos.

3. Fase técnica:

Con la pelota, individualmente, realizaríamos autopases con toque de dedos. Por parejas, haríamos toques de antebrazo y de dedos con la pelota. Practicaríamos ejercicios de servicio y remate. Finalmente, realizaríamos estiramientos de piernas y de brazos.

Individualmente, practicamos desplazamientos laterales en posición básica.

Por parejas o en grupo, practicamos servicios y recepciones.

¿Sabías que...?

- Los efectos del calentamiento desaparecen al cabo de cinco minutos de haber parado.
- Hay ciclistas que pueden llegar a calentar dos horas para una etapa del Tour.
- Algunos deportistas, para aliviar la presión en los momentos previos a la competición, calientan con auriculares para aislarse.

Adquisición de saberes

- Elección de la práctica física: gestión y enfoque de los diferentes usos y finalidades de la actividad física y del deporte en función del contexto, actividad y compañeros de realización.
- Preparación de la práctica motriz: mantenimiento y reparación de material deportivo.
- Planificación y autorregulación de proyectos motores: establecimiento de mecanismos para registrar y controlar las aportaciones realizadas por los integrantes del grupo a lo largo de un proyecto. Herramientas digitales para la gestión de la actividad física.

Actividades finales

a. Conceptos y conocimientos

1. Para ver si has entendido qué es el calentamiento, ordena en tu libreta las siguientes actividades según el orden en que se deben realizar en un calentamiento:

- tiros a canasta
- carrera suave
- estiramientos
- abdominales
- pases por parejas
- *sprints*
- flexiones de brazos
- entradas a canasta

2. Copia en tu libreta y completa los siguientes enunciados:

- Calentamiento específico es el que se centra en los grupos musculares [redacted] en la [redacted] posterior y utiliza acciones y movimientos [redacted] en la práctica posterior.
- Su duración es [redacted] larga y puede variar según las características de [redacted] o deporte que se practicará después.
- Las fases del calentamiento son [redacted], llamadas [redacted].

3. Señala en tu libreta si los siguientes enunciados son verdaderos o falsos:

a) El calentamiento sirve para mejorar las cualidades físicas.

b) Para calentar debemos aumentar la intensidad del ejercicio de forma gradual.

c) Para calentar hay que pasar de ejercicios globales a analíticos y de generales a específicos.

d) Los ejercicios de fuerza máxima van bien para calentar.

e) El estiramiento es un ejercicio idóneo para iniciar el calentamiento.

4. Copia en tu libreta y nombra los efectos que produce el calentamiento en cada uno de los sistemas y aparatos corporales siguientes:

Aparato locomotor	
Aparato respiratorio	
Aparato cardiovascular	
Sistema nervioso	
Aparato digestivo	

5. Define en tu libreta los conceptos siguientes:

a) Calentamiento general.

b) Calentamiento específico.

c) Fase general.

d) Fase específica

e) Fase técnica.

b. Pensando en mí

6. Práctica 1

- Sin calentamiento, haz la prueba de flexibilidad del cajón.

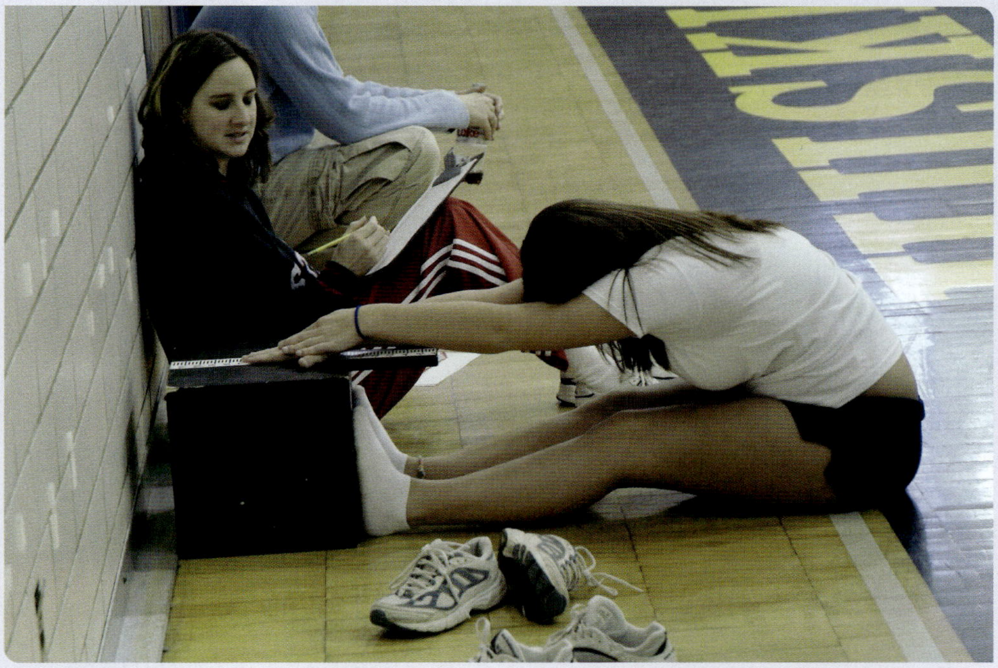

- Anota el resultado en la libreta.
- Haz un buen calentamiento de piernas.
- Repite el test de flexibilidad del cajón y anota nuevamente el resultado.
- Responde según el resultado observado: ¿Qué ha pasado? ¿Por qué? ¿Qué afirmación podrías hacer referente al calentamiento?

7. Práctica 2

- Piensa en una práctica deportiva que sueles hacer.
- Copia el siguiente cuadro en tu libreta y diseña un calentamiento específico para esta práctica (citando por orden las actividades que hay que efectuar):

Práctica deportiva:	
Actividad 1	
Actividad 2	
Actividad 3	

Y a ti… ¿qué te gusta más? ¿Practicar deporte por placer, o te atrae más competir? ¿Entrenarte o jugar el partido? ¿Ensayar un baile o bailar en un festival o exhibición?

7

La competición

#JuegoLimpio #FairPlay

En la competición, los deportistas, ya sea en colectividad o individualmente, ponen a prueba sus capacidades, habilidades y destrezas para vencer a sus adversarios.

La competición, como el deporte, es un medio apropiado para educar con respeto, tolerancia, perseverancia, trabajo en equipo, etc. Son valores que fácilmente se pueden desvirtuar si se tienen actitudes como no saber perder, intentar hacer trampas, increpar al árbitro o juez, abroncar al contrincante, a un compañero o compañera...

El juego limpio o *fair play* es el modelo que seguir. El mejor ejemplo de competición y juego limpio es el *rugby* y su famoso «tercer tiempo» en que, al terminar el partido, ganadores y perdedores se reúnen para celebrar que lo han pasado bien.

En esta unidad, aprenderemos cómo organizar las competiciones con los compañeros para pasar un rato divertido y hacer ejercicio con deportividad y juego limpio.

1. **Elegir una posición**
2. **Buscar información y elaborar argumentos**
3. **Llevar a cabo el debate**
4. **Valorar el reto realizado**

Reto

Llevar a cabo un debate

El debate es un acto de comunicación que consiste en la discusión de un tema entre dos o más personas. No se trata de buscar un ganador, sino de conocer distintas posiciones sobre un tema.

El tema escogido es la competición y los valores positivos o negativos que transmite en la formación de una persona. La competición, al igual que el deporte, puede ser un medio apropiado para educar en cualidades como el respeto, la tolerancia, la perseverancia o el trabajo en equipo. Todas ellas son cualidades que fácilmente pueden desvirtuarse con actitudes negativas, como no saber perder, hacer trampas, increpar al árbitro o al juez, abuchear al contrincante o incluso a un compañero, etc.

Podemos incorporar diferentes connotaciones en la competición en función de la orientación y el carácter que le damos las personas implicadas (profesores, deportistas, entrenadores, familias, etc.). Así, en el debate que llevaremos a cabo, nos preguntaremos si la competición deportiva transmite valores positivos en la sociedad, o no. Por tanto, deberéis defender una de estas posiciones:

- La competición deportiva es una gran transmisora de valores positivos.
- La competición deportiva no transmite valores positivos y debe tratarse como un problema del ámbito deportivo.

1. ¿Qué es la competición?

Una competición es la práctica del juego que tiene como resultado una clasificación de los participantes, ganadores y algún tipo de reconocimiento para los mejores, como un trofeo, un premio económico o título, el honor de ser el mejor...

Línea de salida del antiguo estadio de Olimpia (Grecia).

Aro de puntuación del antiguo juego de pelota maya en Chichén Itzá (México).

Los eventos deportivos donde se disputa el honor de ser el mejor o un título son lo que llamamos **campeonato**.

La primera competición deportiva

Es difícil poner fecha a la primera competición de la historia, pero el hecho indiscutible es que todas las civilizaciones (desde la antigüedad hasta nuestros días, de Oriente a Occidente) han tenido reservado un lugar para la actividad física orientada al esfuerzo y el juego.

El ejemplo competitivo por excelencia que conocemos son los juegos olímpicos de la Antigüedad, llamados así porque tenían lugar en la ciudad de Olimpia. Eran fiestas religiosas, culturales y deportivas que se celebraban en la antigua Grecia (durante los años 776 a.C. y 392 a.C.) en honor a los dioses griegos. En esos juegos participaban los atletas, que tenían que ser ciudadanos varones, y que se entrenaban durante años en los gimnasios. Las primeras competiciones fueron carreras a pie y, más tarde, se fueron introduciendo la lucha, el pentatlón –cinco pruebas de varios tipos, que incluían el lanzamiento de jabalina, el lanzamiento de disco, el salto de longitud y las carreras de carros– y varias competiciones artísticas de música, poesía y danza.

Sin embargo, cientos de años antes de los Juegos Olímpicos, sabemos que había otras manifestaciones competitivas, como por ejemplo el juego de pelota mesoamericano, que se jugaba en México, donde el trofeo era la ofrenda a los dioses; también había competiciones en el antiguo Egipto con luchas, carreras de caballos, tiro con arco... De todo ello, tenemos conocimiento por decoraciones, vasijas, cerámicas, etc.

2. ¿Cómo podemos organizar una competición deportiva?

Mencionaremos los sistemas más comunes para organizar ligas y torneos en cualquier deporte que implique partidos o enfrentamientos entre dos equipos o adversarios.

La **inclusión** en la competición deportiva ha de ser **máxima** y debe favorecer que todos puedan participar en los enfrentamientos competitivos. Pero todo campeonato o torneo ha de tener un sistema de eliminación para ir seleccionando contrincantes y para que, finalmente, se clasifiquen un subcampeón o subcampeona y un campeón o campeona.

En competiciones individuales suben al podio de vencedores los tres primeros clasificados.

Para que la clasificación de los campeonatos (o torneos) sea «justa y veraz», es necesario que todos los participantes se enfrenten entre sí. A este sistema de campeonato lo llamamos **todos contra todos** (Julio Litwin, *Organización de campeonatos deportivos*, 1983) o **ligas**.

En muchas ocasiones, no se puede organizar un campeonato (o torneo) con el sistema de todos contra todos por no disponer del tiempo de ejecución, las instalaciones y/o los recursos necesarios. Para estos casos, existen otros sistemas de campeonato, en que los participantes se enfrentan «parcialmente».

En los **deportes individuales**, cada federación o campeonato emplea el sistema más adecuado, pero uno de los más utilizados es la clasificación a través de pruebas independientes, que derivará en una calificación.

Por ejemplo, en deportes como el atletismo, la gimnasia y la natación, las pruebas clasificatorias se desarrollan en el contexto de reuniones o encuentros que se agrupan por categorías. Concluidas las pruebas, se dispone una clasificación encabezada por el correspondiente ganador o ganadora.

En competiciones como la gimnasia, una mesa de jueces puntúa a los participantes y decide quiénes son los vencedores y los eliminados.

El sistema de todos contra todos o liga

Todos los competidores se enfrentan entre sí al menos en una ocasión. Se pueden enfrentar en una o dos vueltas (una o dos veces). Generalmente, en las liguillas internas en el instituto se compite a una sola vuelta, pero se puede hacer a doble vuelta en el caso de formar parte de un club deportivo para que todos puedan jugar en su campo uno de los partidos (campo local y campo visitante).

En este sistema, se lleva el control de los resultados y se da un valor a cada partido ganado, perdido y empatado. De este modo, se puede establecer una tabla en la que los participantes quedan clasificados en función de los puntos acumulados en la liga.

Ejemplo de sistema todos contra todos o liga

Resultados de los partidos

	Instituto 1	Instituto 2	Instituto 3	Instituto 4	Instituto 5	Instituto 6	Instituto 7	Instituto 8	Total
Instituto 1									
Instituto 2									
Instituto 3									
Instituto 4									
Instituto 5									
Instituto 6									
Instituto 7									
Instituto 8									

1 Elegir una posición

Responde individualmente a las siguientes cuestiones:

1. ¿Crees que el deporte de competición aporta valores significativos para la vida?
2. ¿Te gusta el deporte de competición?
3. ¿Crees que puede haber juego cooperativo, respeto y juego limpio en la competición?

Si has respondido a la mayoría de las preguntas con un sí, probablemente defenderás la primera línea de debate; si has respondido la mayoría de preguntas con un no, probablemente defenderás la segunda línea de debate. Juntaos en pequeño grupo en función de la afinidad de las respuestas a las cuestiones.

En el sistema de liga los equipos se enfrentan entre ellos para obtener puntos.

Sistema de eliminatorias

Todos los competidores se enfrentan por parejas y los perdedores abandonan la competición, por lo que el número de participantes va disminuyendo cada ronda de partidos, hasta llegar a un partido final entre los dos últimos supervivientes.

Los primeros emparejamientos se suelen hacer por sorteo. Para evitar que en ese sorteo salga el enfrentamiento entre dos deportistas de gran nivel, se emplea el sistema denominado **cabeza de serie**: consiste en colocar a los tres o cuatro mejores deportistas separados en el cuadro de competición de forma que no puedan encontrarse en una primera ronda. Para decidir quiénes son los mejores, se suelen seleccionar los primeros clasificados en las últimas competiciones.

i

De todos los sistemas, este es el menos equitativo por la posibilidad de que un participante quede eliminado tras perder el primer partido. Se utiliza en competiciones como la Champions de fútbol y la Copa del Rey en la liga ACB de baloncesto masculino.

Gráfico con 14 participantes

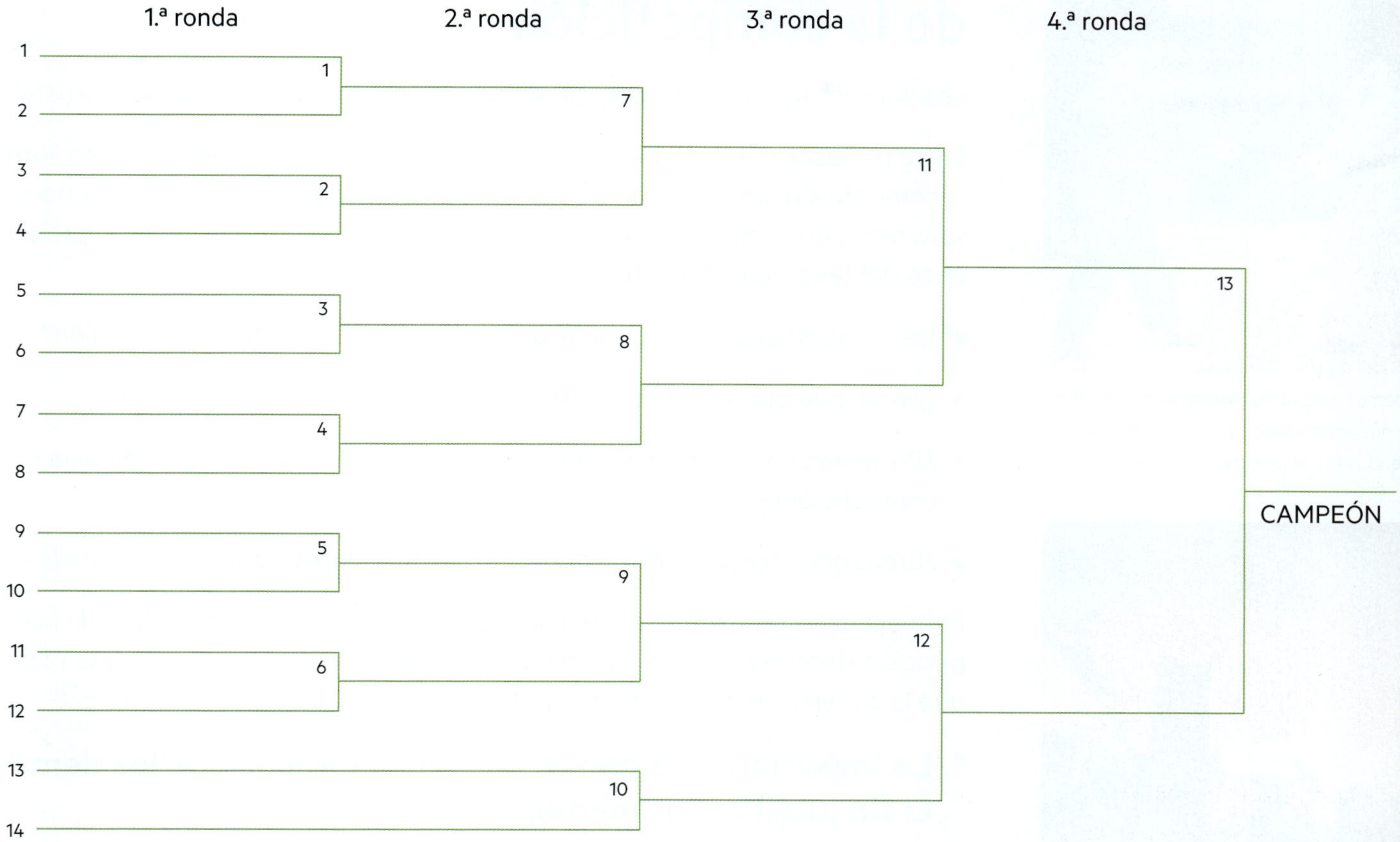

Potencia = 16

Menos participantes
EXENTOS 1.ª RONDA $= \frac{14}{2}$

Menos participantes
JUEGAN 1.ª RONDA $= \frac{14}{12}$

Eliminación doble

Este sistema es menos agresivo que el anterior porque da más oportunidades a los participantes. Los perdedores de la primera ronda tienen una segunda opción de llegar a la final jugando una liga paralela. Se crea una ronda de ganadores y una ronda de perdedores.

Sistema mixto

Combina los sistemas de liga y de eliminatorias. Tras una primera fase de liguilla y obtener una clasificación final, los dos, tres o cuatro mejores se enfrentan mediante el sistema de eliminatorias.

En un sistema de eliminatorias, perder un partido supone la eliminación automática.

Debemos aprovechar los aspectos positivos que nos aporta la competición, como el aprendizaje y el crecimiento personal.

La competición puede generar comportamientos agresivos y violentos en deportistas y aficionados.

Hay que potenciar los valores pedagógicos de la competición desde edades muy tempranas.

3. Los pros y contras de la competición

Los valores de la competición ¿son buenos para la formación del deportista?

Entre profesores, educadores y pensadores, hay dos líneas de debate en torno a la competición: unos opinan que la competición deportiva es una gran transmisora de valores, mientras que los otros creen que la competición es el problema ético del fenómeno deportivo.

- De la excesiva persecución de la victoria ante todo, ¿cuál es tu opinión?
- ¿Crees que puede haber juego cooperativo, respeto y juego limpio?
- ¿Podemos hacer algo para que no se generen situaciones de violencia en las competiciones?
- ¿Crees que el deporte de competición aporta valores significativos para la vida?

Para ayudar a reflexionar sobre ello, analizaremos dos características de la competición deportiva que la hacen vulnerable a las malas prácticas, y las razones que la convierten en una buena herramienta de formación y diversión.

1. Lo importante es ganar, vencer, ser mejor que los demás. El fin justifica los medios...

Ciertas actitudes deportivas, como una elevada competitividad y la persecución del triunfo por encima de todo, entran a menudo en conflicto con valores sociales como el juego limpio y la deportividad.

Podemos haber jugado excelentemente en juego de equipo y, sin embargo, haber perdido el partido porque los rivales tenían dos o tres jugadores muy superiores a nosotros. Perder no implica haber fracasado.

Del mismo modo, podemos triunfar jugando rematadamente mal y sin esforzarnos ante rivales inferiores.

A veces, incluso, para vencer en un partido podemos sacar los peores valores: engañar al árbitro, poner nervioso al contrincante insultándolo e, incluso, lesionar a conciencia, y esto no es en absoluto un valor ético.

Para favorecer el juego limpio y aprovechar la diversión y la práctica de ejercicio físico de manera lúdica hay que resaltar los valores útiles para conseguir buenos resultados deportivos y mejorar nuestro rendimiento personal (motivación, esfuerzo, superación...) y colectivo (trabajo en equipo, cooperación, compromiso...), haciéndonos más competitivos, jugando mejor...

En esta idea de competición no hay adversario, y no debe preocuparnos el resultado, sino dar lo mejor de nosotros o del equipo.

> Compitiendo es cuando nos vemos obligados a esforzarnos al máximo para sacar lo mejor de nosotros mismos. Este es el verdadero valor ético de la competición deportiva, «jugar cada partido mejor que el anterior. Jugar bien, este es el triunfo verdadero».
>
> Pep GUARDIOLA, «El fútbol puede ser una moral»
> *El País* (5 noviembre 2011)

2. La tendencia a excluir de la competición a los menos capaces

El deporte de competición produce continuamente ganadores y perdedores, y otra característica, sobre todo en el deporte de alto rendimiento, es la exaltación de los logros y triunfos y la infravaloración del resto de participantes, que puede generar sentimientos de frustración.

Felicitar al perdedor es una buena manera de incentivar su progreso y la mejora en la práctica competitiva.

A menudo, caemos en la adoración hacia los mejores deportistas y olvidamos el valor del deporte y los beneficios saludables que conlleva practicarlo. La cara fea de la competición es que, si no formamos parte de esos mejores, podemos terminar alejándonos de la práctica deportiva.

Los valores positivos de la competición

La competición debe ser sana. Debemos ser capaces de premiar el esfuerzo y el buen juego en el partido, no el resultado.

Competir es bueno, siempre que entendamos que **con quien competimos es con nosotros mismos**. No hay que compararse con los demás, sino con nosotros mismos, y gracias a esa comparación y al esfuerzo por mejorar, podremos valorar nuestro progreso y nuestro crecimiento.

2 Buscar información y elaborar argumentos

Para participar en un debate, tendréis que buscar información que apoye y que rebata vuestra posición. Juntaos con vuestro grupo y llevad a cabo la búsqueda. Con esta información:

- Examinad los argumentos a favor de vuestra posición para presentarla y justificarla y también para defenderos de los grupos contrarios.
- Examinad también los argumentos contrarios a vuestra posición para encontrar sus debilidades y poder rebatir la posición de los grupos contrarios.

Tratad de llevar preparadas las intervenciones e intentad prever posibles réplicas en las intervenciones de los grupos que defiendan la posición contraria.

La superación personal mediante el entrenamiento es uno de los grandes valores de la competición.

La competición está presente tanto en el deporte como en la vida, y forma parte de nuestro desarrollo: nos da la oportunidad de educarnos en valores de constancia, sacrificio y espíritu de superación, en la cultura del esfuerzo.

El deporte tiene objetivos que van más allá de los competitivos. La clave de la competición es luchar por un resultado pero **valorando el camino recorrido**.

A todos nos gusta ganar, pero hay que valorar la mejora y el esfuerzo individual, así como la cooperación activa en el grupo (en el caso de deportes colectivos), y el juego limpio con los contrincantes.

En una competición no deben tolerarse comportamientos agresivos o antideportivos.

Valores como el respeto, la aceptación y la cooperación están presentes en la competición y son transferidos a la actividad cotidiana. Cuando competimos, las diferencias sociales entre compañeros y contrincantes desaparecen.

El deporte competitivo, por lo tanto, no debe considerarse como una forma desenfrenada de conflicto, sino como una práctica regida por reglas de rivalidad amistosas, justas y aplicables a todos los participantes, lo que exige la previa intención de cooperar para se llegue a desarrollar.

4. Juego limpio o *fair play*

Varias federaciones y clubes, conscientes de la importancia de los valores positivos de la competición y viendo las actitudes que se generan a menudo en un partido o evento deportivo, abrieron el debate en torno al juego limpio y crearon unos códigos internos en los que se marcan unas pautas que favorecen el buen comportamiento dentro de la rivalidad entre adversarios. Son códigos que afectan a los deportistas participantes, al público, a los entrenadores, a los directivos y a los organizadores.

Los comportamientos coléricos de jugadores con los árbitros, las decisiones de los entrenadores incitando a sus jugadores a comportamientos violentos y los improperios dirigidos a los adversarios son muestra de actitudes que hay que evitar.

El *fair play* es una buena herramienta para potenciar y asumir un conjunto de valores que sirven para todos los aspectos de la vida, ya que el trabajo en equipo, el respeto y el esfuerzo para alcanzar metas en común están presentes dentro y fuera del deporte.

Este conjunto de comportamientos potencian una actitud respetuosa con adversarios, compañeros, espectadores, árbitros y todos los agentes que intervienen en la práctica deportiva.

Quienes son o quieren ser entrenadores o educadores, deberán inculcar a los jóvenes la imagen de la competición deportiva como una oportunidad para medir sus potencialidades y la de los adversarios, no como enemigos, sino como actores con los que medir esas facultades.

El código del juego limpio

Ahora que conocemos la doble vertiente del deporte competitivo, nuestro instituto puede crear un código de *fair play* para comportarnos como buenos deportistas, independientemente del resultado del juego, de las decisiones del árbitro y de los errores de los compañeros.

Después de haber confeccionado este código, será necesario que nos comprometamos con los puntos acordados y, por ello, para participar deberemos firmar el compromiso.

Pensemos y hagamos una lista de conductas habituales positivas y negativas en una competición deportiva, por ejemplo:

Positivas	Negativas
Dar la mano al ganador.	Quejarse al árbitro o simular falsas lesiones.
Animar a los compañeros.	Despreciar a los que juegan peor.
Felicitar al perdedor.	Insultar o decir palabras malsonantes.
Pedir disculpas.	Ser individualista.
Ayudar al compañero en una acción de juego.	Tener una actitud «pasota».

El sentimiento de pertenencia al equipo, la colaboración, la falta de individualismo... son valores positivos que transmite la competición.

Los entrenadores y educadores tienen el deber de transmitir los valores positivos de la competición a sus pupilos.

3 Llevar a cabo el debate

Llevad a cabo el debate en los siguientes términos:

- La moderación irá a cargo del profesor o profesora.
- Intervenid tratando de repartiros la exposición de vuestros argumentos entre todos los miembros del grupo. Procurad también que todos podáis hacer una réplica o contraargumentación a los argumentos de los demás equipos.
- El moderador concederá los turnos de palabra en el orden que le parezca oportuno. Levantad la mano siempre que deseéis intervenir.
- Intentad hacer intervenciones cortas, de un máximo de 3 minutos.
- Actuad siempre con calma y respeto a la opinión de los demás, especialmente si no se trata de una opinión compartida.

Ejemplo de elaboración del código de compromiso:

- Jugar para divertirse.
- Respetar a todos los compañeros, tanto a los del propio equipo como a los adversarios, mostrando capacidad de diálogo y tolerancia.
- Mantener una actitud de integración y nunca discriminatoria.
- No hacer trampas ni engaños para ganar. Tenemos que conseguir la victoria por méritos propios.
- Dar la mano a los árbitros y contrincantes al principio y al final del partido, ganemos o perdamos.
- Respetar el material y espacio de juego.
- Saber perder valorando al equipo contrario, sin enfadarse ni hacer comentarios inadecuados.
- Saber ganar, valorando el esfuerzo realizado por el equipo contrario, sin mostrar actitudes ni hacer comentarios inadecuados.
- Respetar y tratar de cumplir las normas del juego y el código de juego limpio.

Este código puede ser adaptado por los entrenadores, padres y público, que también forman parte de la dualidad de buenas y malas actitudes en la competición deportiva.

Los padres y las madres tienen un papel fundamental en la transmisión de los valores y en la gestión de las emociones (positivas y negativas) que genera la competición.

¿Sabías que...?

- El atleta Abebe Bikila, de Etiopía, ganó la medalla de oro en el maratón de Roma de 1960. El hecho sorprendente es que corrió descalzo. Al cabo de cuatro años, en el maratón de Tokio de 1964, volvió a ganar, esta vez con zapatillas, pero seis semanas antes había sido operado de apendicitis. Tardó dos horas, quince minutos y dieciséis segundos (en el 2014, el récord de maratón lo tenía Denis Kimetto, con dos horas, dos minutos y cincuenta y siete segundos).
- En los Juegos Olímpicos de Seúl de 1988, Ben Johnson batió el récord mundial de los cien metros en 9,79 segundos. A las pocas horas, su triunfo se convertiría en uno de los mayores escándalos olímpicos. En el Centro de Control de Dopaje Olímpico, el doctor Park Jong Sei halló estanozolol, un peligroso esteroide, en la muestra de orina de Johnson. Inmediatamente fue descalificado y se otorgó la medalla de oro a Carl Lewis.
- El juego de pelota maya al que jugaban desde el 1400 a.C. los pueblos precolombinos de Mesoamérica era una competición que tenía lugar tanto en la vida cotidiana como en celebraciones religiosas. En este caso, podía formar parte de un ritual que a veces incluía el sacrificio humano a los dioses.

Abebe Bikila en la maratón de Roma de 1960.

Ben Johnson en una imagen de los Juegos Olímpicos de Seúl de 1988.

4 Valorar el reto realizado

Rellena el recurso «Parrilla de Autoevaluación» para valorar el grado de superación del reto y vuestro trabajo en grupo. Marca el número que creas que mereces (1 es nada y 4 es totalmente).

He participado en la búsqueda de información para elaborar argumentos.	1	2	3	4
He intervenido en la redacción de los argumentos y las réplicas en la preparación del debate.	1	2	3	4
He llevado a cabo mi intervención en el debate y, además, he hecho alguna contrarréplica a las intervenciones de los demás grupos.	1	2	3	4
He mantenido una actitud positiva y de respeto a las opiniones de los demás.	1	2	3	4

Actividades finales

a. Conceptos y conocimientos

1. Copia el cuadro siguiente en la libreta y complétalo con cuatro adjetivos positivos y cuatro negativos que puedas aplicar a la competición:

Positivos	Negativos

2. Relaciona en tu libreta las descripciones de la primera columna y los tipos de competición de la segunda columna.

- Juegan todos contra todos, nadie se elimina.
- Puedes ser eliminado después del primer partido.
- inclusión de los participantes
- deportes de equipo
- deportes individuales
- UEFA Champions League.
- cabezas de serie en cada grupo de competición
- *play-off* de baloncesto
- Premia la regularidad.
- segunda ronda de ganadores y ronda de perdedores
- Combina los sistemas de liga y el de eliminatoria.

- liga o liga regular
- sistema de eliminatoria
- eliminación doble
- sistema mixto

3. Nuestras competiciones de Secundaria y Bachillerato seguirán el modelo de *fair play* o juego limpio.

a) ¿Qué es el juego limpio?

b) ¿Quiénes fueron los precursores de los códigos internos del juego limpio?

4. ¿Cuáles son las dos conductas más importantes que hay que tener ante una actividad competitiva?

5. Copia los enunciados en tu libreta y completa los espacios en blanco con las palabras y las expresiones que tienes a continuación:

espíritu de superación, ganar, valorando el camino que se ha hecho, diferencias sociales

- Cuando se compite, las ______ entre compañeros y contrincantes desaparecen.
- La clave de la competición es luchar por un resultado, pero ______ y las vivencias experimentadas.
- La competición nos da la oportunidad de educarnos en valores de constancia, sacrificio y ______, y en la cultura del esfuerzo.
- Lo más importante no es ______, debemos ser capaces de premiar el esfuerzo y el buen juego en el partido y no el resultado.

6. Preparad y desarrollad un debate en grupos de cuatro personas sobre uno, o más, de estos puntos:

- La victoria ante todo. La gestión de saber ganar y perder.
- La aplicación del juego limpio, la cooperación y el respeto: ¿es posible en el deporte de primera línea y alta competición?
- La violencia en las competiciones. ¿Quién la genera? Directivos, prensa, público, jugadores...
- La competición puede aportar valores muy significativos para la vida: sacrificio, cooperación, respeto...

7. **Define con tus propias palabras los siguientes tipos de sistema de competición:**
   - Sistema todos contra todos.
   - Sistema de eliminatorias.
   - Sistema mixto.

8. **Señala en tu libreta las conductas que has desarrollado en algún momento durante tu práctica deportiva. ¿Qué medidas podrías tomar para potenciar las conductas positivas y evitar las negativas?**

   Dar la mano al ganador.

   Animar a los compañeros.

   Felicitar al perdedor.

   Pedir disculpas.

   Ayudar al compañero en una acción de juego.

   Quejarse al árbitro o simular falsas lesiones.

   Despreciar a los que juegan peor.

   Insultar o decir palabras malsonantes.

   Ser individualista.

   Tener una actitud «pasota».

b. Pensando en mí

9. **Copiad el siguiente cuadro en vuestra libreta y escribid, en grupos de cuatro personas, una lista de cuatro conductas positivas y cuatro negativas para crear vuestro propio código *fair play* de la ESO. Son conductas que creéis que tienen que estar presentes en vuestra competición y conductas que no se pueden aceptar.**

Conductas positivas	Conductas negativas

10. **Pensad las conductas y ponedlas en común con el resto de la clase con la ayuda del profesor o profesora y cread vuestro propio código interno de compromiso con un máximo de 10 actitudes o valores que servirán en todas las liguillas que se realicen en el centro escolar.**

11. **Organizad, en grupos de cuatro, una liguilla para vuestro curso del deporte que deseéis. Para organizarla, debéis decidir las siguientes cuestiones y escribirlas en un papel:**
   - Sistema de competición (elegir el sistema y explicar cómo lo haréis).
   - Número de participantes por equipo.
   - Cuadro de equipos y cuadro de enfrentamientos.
   - Organización general: arbitrajes, normativa del campeonato, etc.

adidas
EDISON

Bloque 3

Resolución de problemas en situaciones motrices

Todos los atletas que practican deportes individuales tienen en común el espíritu de sacrificio, el esfuerzo constante, la voluntad de superación de las marcas personales y la capacidad de luchar contra los adversarios. Estos elementos son los que caracterizan los deportes individuales y los hacen más espectaculares.

Por su parte, los deportes de equipo ayudan a desarrollar las capacidades físicas y psicomotrices básicas. Con el entrenamiento se pueden mejorar la técnica y la táctica, pero también se aprende a realizar una labor colectiva y a relacionarse con compañeros y adversarios.

Ambas modalidades forman parte de un mundo, el del deporte, que ha reglamentado y pautado la inclinación natural del ser humano hacia el juego.

Unidades

El voleibol es un deporte que potencia la colaboración y la cohesión con los compañeros.

8

El voleibol

#TercerGolpe

El voleibol es un deporte relativamente joven en España. Se comenzó a practicar en 1920 como juego recreativo importante en Europa occidental y en 1950 se inscribió en el organigrama de la Federación Española de Baloncesto a modo de primer intento de organizarlo oficialmente. Hasta 1960 no se creó la primera federación española de voleibol.

La evolución del reglamento se ha popularizado. Las selecciones españolas, tanto masculinas como femeninas, participan en competiciones internacionales demostrando un juego de primer nivel. Los orígenes de la modalidad del vóley playa no se pueden concretar: es posible que naciera en las playas de California o de Brasil. La explosión de la popularidad de este deporte tuvo lugar en los noventa. De manera no profesional, es una práctica habitual en todo el litoral español. La organización de torneos y campeonatos en verano hace de este deporte una divertida manera de practicar una actividad física al aire libre. En ciudades y pueblos del interior también se han habilitado canchas con arena para practicarlo.

1. Recordamos el reglamento básico

Terreno de juego

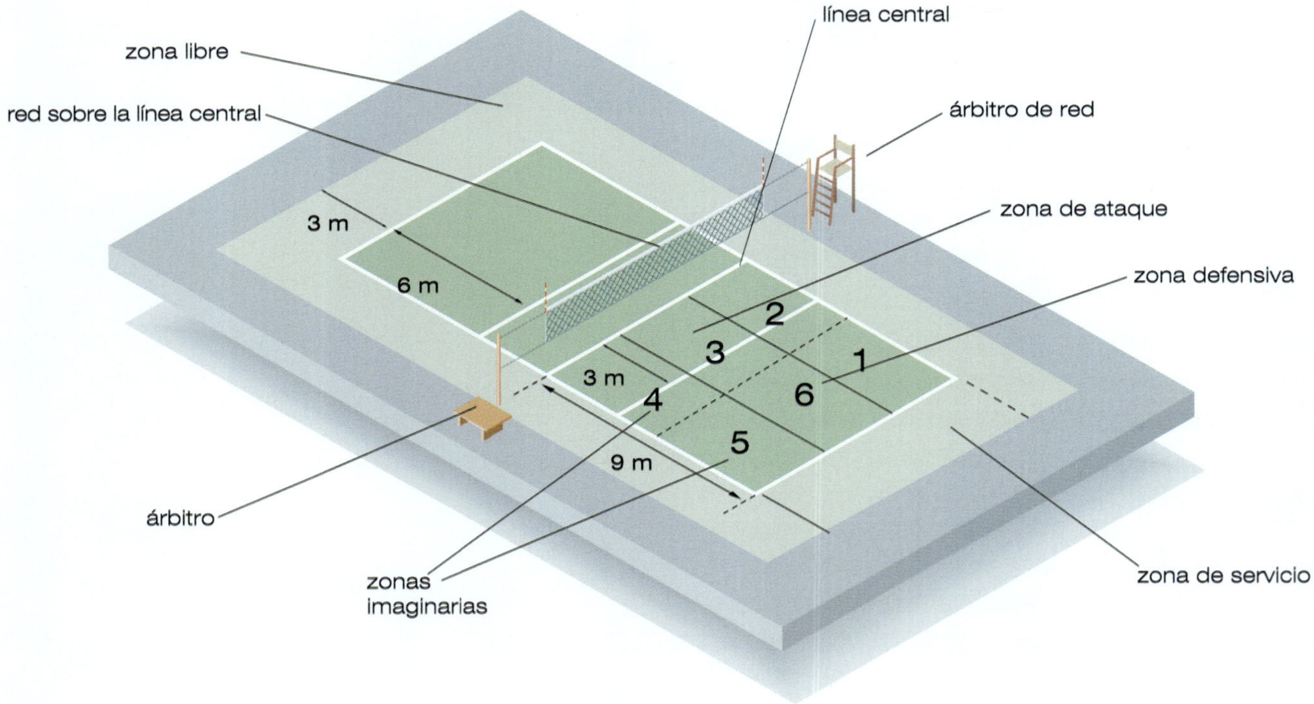

El terreno de vóley playa tiene unas dimensiones de 16 × 8 metros.

Duración del partido

No tiene una duración determinada. Los partidos se disputan a 5 sets y se acaban cuando un equipo gana 3.

Jugadores

Los equipos están formados por un máximo de 12 jugadores, de los cuales 6 se sitúan en la cancha. El entrenador puede hacer 6 cambios en cada set.

Puntuación

Gana el set el equipo que llega antes a 25 puntos con una ventaja de dos puntos. Por ejemplo, si el resultado fuera de 25 a 24, el equipo ganador tendría que llegar a 26 puntos para acabar el set, o conseguir la ventaja de dos puntos.

Un equipo puntúa cuando:

- la pelota toca tierra en campo contrario,
- la pelota sale fuera del campo después de tocar a un jugador del equipo contrario,
- se comete cualquier infracción reflejada en el reglamento.

La jugadora evita que la pelota toque su campo y, por tanto, el punto en contra.

Reglamento del voleibol (normas e infracciones)

Reglamento
La pelota se puede jugar incluso fuera del campo siempre y cuando no toque tierra.
El servicio se puede ejecutar desde cualquier punto tras la línea de fondo.
La pelota se puede tocar con cualquier parte del cuerpo siempre y cuando no se retenga.
Si la pelota toca la red en un servicio y pasa al campo contrario, la jugada es válida, a diferencia de otros deportes como el tenis, en el que se repite el servicio.
Si la pelota cae sobre la línea, la jugada es válida.
Todas estas infracciones se castigan con un punto para el equipo contrario y la pérdida de posesión de la pelota:
Cuatro toques: el equipo dispone de hasta tres toques para enviar la pelota al campo contrario. El toque de bloqueo no cuenta.
Dos toques por jugador: un jugador puede tocar la pelota con cualquier parte del cuerpo, pero no lo puede hacer dos veces seguidas.
Retención: es falta agarrar o retener la pelota con las manos o los dedos, siempre hay que golpearla.
Invasión: no se puede sobrepasar la línea central del terreno de juego, excepto con las manos cuando se hace el bloqueo.
Red: no se puede tocar la red con el cuerpo.
Falta de rotación: cada vez que un equipo comienza un set, donde se acaba de recuperar el servicio, todos los jugadores deben rotar una posición en el sentido de las agujas del reloj. De esta manera, cada vez le tocará a un jugador diferente hacer el servicio. La orden de rotación se debe mantener a lo largo de un juego. Cada vez que comienza un juego, los jugadores pueden adoptar la distribución que quieran.
Servicio: no se puede ni bloquear ni rematar el servicio.

Tocar la red con el cuerpo está considerado una infracción.

Se considera punto si la pelota bota dentro de los límites del campo y no se rechaza.

2. La técnica del voleibol

Cuando jugamos al voleibol tenemos que centrar la atención en dónde colocamos nuestro centro de gravedad. Es necesario mantener el tronco y las piernas flexionadas, con las caderas ligeramente adelantadas, para mantener el equilibrio y estar preparados para cualquier acción.

Dos jugadores en posición de espera.

Una jugadora recibe la pelota con un toque de antebrazos.

Colocación de la pelota mediante un golpe de dedos.

La recepción o toque de antebrazos

Es la forma habitual de hacer la recepción del servicio, de un remate o de cualquier pelota que provenga del equipo contrincante.

Lo más complicado de este gesto son los ajustes de último momento para situarnos bajo la pelota: nos tenemos que dirigir hacia la pelota, desplazándonos en la posición adecuada, con las piernas flexionadas e interrumpir la trayectoria de la pelota con un pequeño balanceo de los brazos originado en los hombros. Es necesario mantener los codos quietos para que los antebrazos no se flexionen y procurar crear una buena superficie de contacto entre ambos antebrazos.

La colocación o golpe de dedos

Es el gesto más preciso del voleibol y la especialidad de los colocadores. El jugador que pase la pelota –cuando vea que la pelota viene a él– alza rápidamente los brazos y se desplaza adecuadamente para alcanzar la trayectoria de la pelota. Coloca una pierna delante de la otra, espera la pelota con las piernas flexionadas y ligeramente separadas, y cada mano entra en contacto con la pelota por los lados con el triángulo imaginario del que hablamos en el Primer Ciclo. Cuando golpeemos la pelota, tenemos que estirar las piernas y los brazos como si fueran un muelle.

El pase hacia atrás

El colocador puede dirigir la pelota hacia un compañero situado detrás de él. El contacto con la pelota es igual que en la colocación pero el impulso de la misma se hace por encima de la cabeza y los hombros se mueven hacia atrás, ayudados por el movimiento de los brazos.

El pase en suspensión

Se suele hacer cuando la recepción del compañero o compañera es muy alta y larga y el colocador añade un salto a su acción. Es más difícil controlar la pelota cuando está en el aire ya que no nos podemos valer del empuje de las piernas.

El remate

1. **La carrera:** consta de tres pasos en aceleración progresiva. La carrera comienza en el momento en que la pelota abandona las manos del pasador.

   - Paso de aproximación: son dos o tres pasos de acercamiento, en función de la distancia a la red. Si el jugador está muy cerca de la red, suprimirá esta fase y pasará a la siguiente.
   - Paso de ubicación (penúltimo paso): es la zancada que permite al jugador situarse respecto a la trayectoria de la pelota.
   - Paso de batida (último paso): es el más largo de los tres y su dificultad radica en calcular la distancia de la zancada y la altura de la pelota para coordinar el impacto en el momento adecuado.

2. **La batida:** el jugador apoya, por orden, el talón, la planta y los dedos del pie para conseguir un buen impulso en el salto, y utiliza los dos pies para asegurar un salto equilibrado. Es necesario flexionar las piernas para aprovechar la fuerza de estas y balancear rápidamente los brazos atrás para ganar impulso.

3. **El salto:** el jugador hace un salto vertical, alzando los brazos y colocando los hombros hacia atrás. El codo del brazo hábil se flexiona hacia atrás mientras que el brazo no hábil permanece sobre la cabeza. Esta postura se conoce como «arco y flecha».

4. **El golpe:** cuando el jugador llega a la máxima altura, la mano de impacto se sitúa justo detrás de la oreja. A continuación, el hombro se desplaza hacia delante conduciendo el brazo hacia la pelota, que debe entrar en contacto con toda la mano. Hay que tener en cuidado de no sobrepasar la red. Tras golpear la pelota, el codo no debe sobrepasar la línea de los hombros. El equilibrio en el aire tiene que ser perfecto.

5. **La caída:** el contacto con el suelo se hace con los dos pies al mismo tiempo y hay que flexionar las piernas para propiciar una postura equilibrada

i

El remate es la jugada más intensa y culminante del voleibol pero difícil de ejecutar por quien la inicia. Si somos principiantes y no nos sale, podemos hacer el remate con los pies en la tierra, que es más fácil. Eso sí, hay que colocar los brazos como se indica en el punto 4.

Una jugadora de vóley playa en pleno salto para rematar la pelota.

Momento en que la pelota es propulsada por el golpe de la mano en un remate.

La jugadora inicia la caída tras rematar la pelota.

Recordamos el servicio bajo que practicamos en Primer Ciclo:

El **servicio bajo** es el más sencillo y puede ser de dos tipos: frontal o lateral.

En el servicio bajo frontal, la pelota se golpea desde abajo con la palma de la mano o la parte interna de la muñeca. Es importante no dejar ir la pelota hasta el instante previo a golpearla. Las piernas deben estar flexionadas y es necesario que uno de los pies esté situado más adelante que el otro.

Alumnos y alumnas entrenando el golpe de servicio.

El remate supera el bloqueo de los jugadores defensores.

La finta

Es el movimiento que hace un jugador para engañar a los adversarios y provocar que cometan una falta. Por ejemplo, saltar para efectuar una acción de remate y tocar la pelota suavemente, colocar la pelota hacia atrás cuando se esperen que vaya hacia delante, etc.

Las planchas y las caídas

Sirven para lograr salvar pelotas difíciles que se encuentren lejos del jugador, a fin de ganar esos centímetros necesarios para poder tocar la pelota. Es necesario practicarlas para saber caer bien. Después de la caída o plancha, el jugador tiene que volver a ocupar el espacio de juego rápidamente.

La plancha y la caída son recursos muy utilizados en el vóley playa.

El servicio

El servicio es el único momento en el que el jugador controla totalmente la pelota. El jugador inicia la fase de preparación adelantando la pierna contraria a la mano con la cual va a golpear y apoya el peso del cuerpo en la pierna trasera.

Mientras lanza la pelota verticalmente, sitúa la mano con la que va a golpear detrás de la nuca y coloca el codo bastante atrás. Cuando la pelota, bajando, llega a la altura de la cabeza, extiende el brazo y gira el cuerpo simultáneamente para golpearla.

El bloqueo

Servicio para devolver un remate al terreno contrario. Se ejecuta en la red y constituye la primera línea de defensa. La eficacia de esta técnica radica en la posición del jugador.

Cuando el bloqueador ha fijado el momento y la posición del adversario, flexiona las piernas y salta verticalmente con los brazos extendidos hacia arriba y con las manos suficientemente juntas para que no pase la pelota (de unos 20 cm de diámetro), intentando que las muñecas sobrepasen la altura de la red.

El bloqueo lo pueden hacer hasta tres jugadores a la vez. Recordemos que el bloqueo no cuenta como toque y se pueden hacer tres más.

3. Táctica del juego en equipo

La secuencia completa y lógica del juego del voleibol es la siguiente:

El equipo A efectúa el servicio y el equipo B hace la **recepción** (toque de antebrazos) elevando la pelota para que el **colocador** tenga tiempo de dirigirla con un toque de dedos hasta el punto de **remate**.

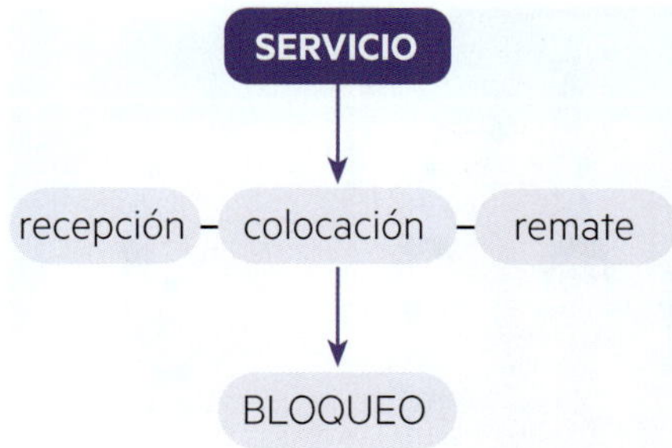

Esta combinación necesita una buena coordinación entre los jugadores, un buen juego de equipo y un dominio de los gestos técnicos básicos del voleibol.

Para aprender este juego de equipo y la técnica del voleibol, resultan excelentes los partidos de dos contra dos, tres contra tres y cuatro contra cuatro. Este tipo de partidos funcionan muy bien para aprender a ganar movilidad en la cancha, cubrir espacios y, en definitiva, hacer un buen juego de equipo. Para llevar a cabo estas sesiones hay que reducir las dimensiones del campo. En este tipo de entrenamiento hacemos un gran trabajo físico, tocamos la pelota más a menudo y eso hace que aprendamos mejor.

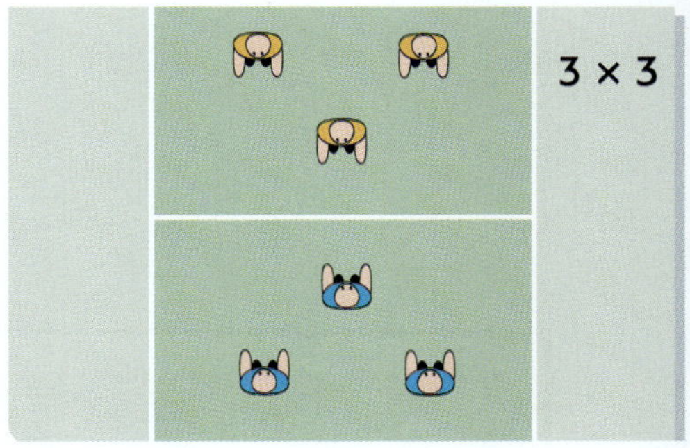

3 × 3: Se acostumbra a jugar con un atacante en punta, un pasador bloqueador y un defensor receptor y atacante secundario. Hay que intentar hacer los tres toques en cada jugada.

4 × 4: La formación inicial es en cuadrado, dos jugadores delante y dos detrás. Cuando se defienda, uno de la primera línea tiene que retroceder rápidamente. Hay que intentar hacer tres toques en cada jugada.

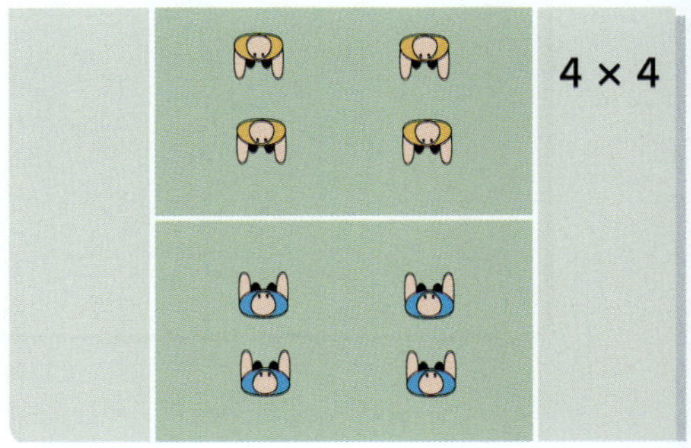

6 × 6: En el voleibol la situación de los jugadores dentro del campo tiene que permitir cubrir todo el espacio con desplazamientos constantes y cooperación entre los jugadores. El campo se divide en 6 zonas. Los jugadores forman dos líneas, una delantera y otra de defensa.

Sistemas de ataque

Se diferencian por la posición del colocador o el pasador.

1. Colocador por turnos: el jugador que se encuentra en la zona 3 hace las funciones de colocador, y todos los jugadores desarrollan la función de defensas y pasadores. No hay especialización. Este sistema es el que utilizaremos en las clases de Educación física.

2. Sistemas por especialistas: este sistema es el más utilizado en el voleibol avanzado. Los equipos suelen tener uno o dos jugadores especializados en el pase y otros tantos en el remate. También puede haber un jugador especializado en defensa, llamado *universal*, que lleva una camiseta de un color diferente al resto del equipo.

> **i** Es importante cubrir los espacios tanto en defensa como en ataque. Hay que diferenciar entre el espacio en el que es poco probable que caiga la pelota (espacio muerto) y los espacios vivos o de probable acción de ataque. Recordemos que la rotación de los jugadores siempre se hace en la dirección de las agujas del reloj.

Equipo en formación defensiva 3-3.

Sistemas de defensa

Pretenden evitar el ataque del equipo contrario. El sistema más utilizado es el del 3-1-2 o central avanzado, pero también se utilizan otros como el 3-2-1 y el 3-3. Siempre debe haber tres delanteros cerca de la red para bloquear.

Esta posición inicial no tiene sentido si no nos sabemos colocar bien para cubrir los espacios. Las pelotas altas deben ser bloqueadas por dos jugadores y el tercero tiene que recoger el bloqueo para encargarse de las fintas. Los otros tres jugadores forman una segunda línea defensiva en semicírculo.

Recepción del servicio: 1-3-2 (W)

Cinco jugadores se distribuyen en el campo en forma de W. El jugador que juega en la zona 3 se sitúa muy cerca de la red y el defensa de la zona 6 se adelanta. Este sistema es el que ocupa más espacio y el que más se emplea en los primeros niveles de juego.

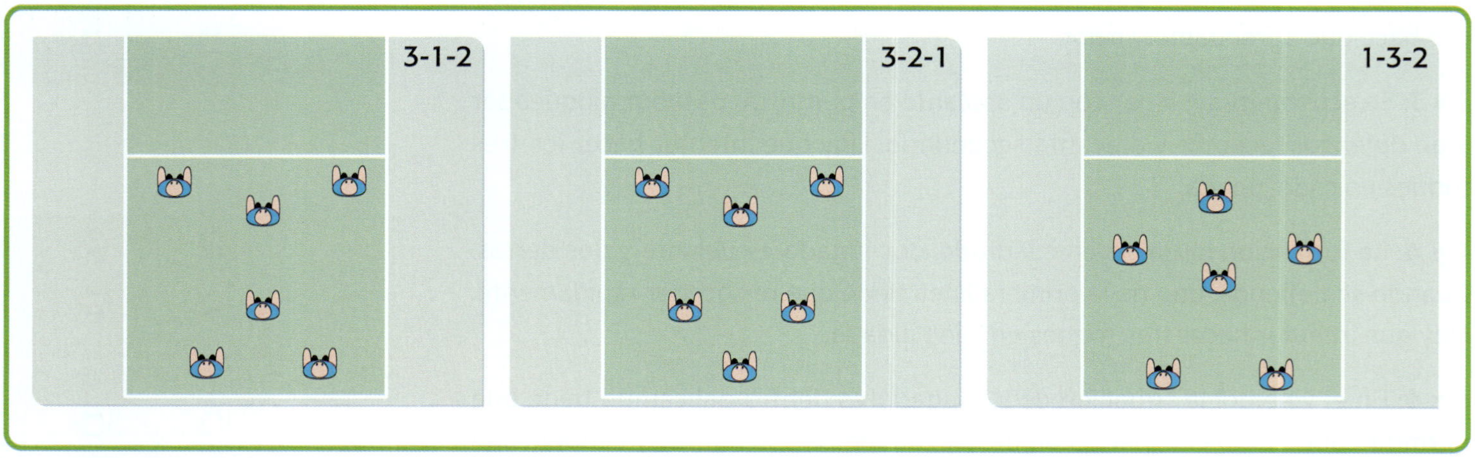

Las jugadoras reciben instrucciones tácticas de su entrenador.

¿Sabías que...?

- Durante una competición, los jugadores mantienen las pulsaciones a 170 o 180 por minuto. En los momentos de mayor tensión pueden llegar a las 200.
- La competición de voleibol en los Juegos Paralímpicos se ha dividido en dos modalidades: de pie y sentado. En el voleibol de pie participan discapacitados físicos con afecciones leves, mientras que las personas con discapacidades físicas más severas lo hacen en la modalidad de voleibol sentado, en la que la cancha es más reducida y la red se coloca a un altura inferior, lo que hace que el juego sea más rápido y, a veces, más espectacular.
- El tiempo récord de juego en un partido se batió durante las Olimpiadas de 1976 entre Polonia y la Unión Soviética: cuatro horas y treinta minutos.
- A raíz de las trágicas consecuencias de la Segunda Guerra Mundial, los hospitales vieron en la modalidad de vóley sentado en silla un medio de rehabilitación y sobre todo de reinserción social. En 1948, el Dr. Ludwig Guttman, del Centro Nacional de Lesiones de Columna, decidió organizar el primer programa europeo de deportes sobre silla de ruedas.
- En el mundo hay unos 120 millones de personas que practican el voleibol.

Partido de voleibol adaptado en modalidad sentada.

Los jugadores profesionales disfrutan de unas excelentes condiciones físicas para soportar las largas duraciones que pueden tener los partidos.

Adquisición de saberes

- Coordinación de las acciones motrices para la resolución de la acción/tarea en situaciones cooperativas.
- Búsqueda de la acción óptima en función de la acción y ubicación del rival, así como del lugar en el que se encuentre el móvil y/o resultado en situaciones motrices de persecución y de interacción con un móvil.
- Toma de decisiones previas a la realización de una actividad motriz acerca de los mecanismos coordinativos, espaciales y temporales para resolverla adecuadamente.

Actividades finales

a. Conceptos y conocimientos

1. Señala en tu libreta si los siguientes enunciados son verdaderos o falsos:

- El equipo dispone de hasta tres toques para enviar la pelota al campo contrario.
- Un jugador puede tocar la pelota dos veces en el mismo ataque.
- Si tocas la red con el cuerpo pero no traspasas la línea de mediocampo no es infracción.
- No se puede sobrepasar la línea central del campo, excepto con las manos cuando se hace un bloqueo.
- Cada vez que un equipo hace punto es obligatorio hacer una rotación de jugadores en el sentido de las agujas del reloj.
- Si la pelota toca la red en un servicio y pasa al campo contrario, la jugada es válida.
- Si la pelota bota encima de las líneas que delimitan el campo es fuera.

2. Completa las siguientes frases en tu libreta con los términos que te proponemos:

tercer toque, planchas y caídas, pase de antebrazo, pase de dedos, remate, bloqueo

- Para hacer un pase tenemos que utilizar el [redacted].
- El elemento técnico que culmina el ataque de una jugada suele ser el [redacted] mediante [redacted].
- Para volver un remate al terreno contrario se utiliza el [redacted].
- El [redacted] sirve sobre todo para recibir el servicio contrario. También es el primer golpe del ataque.
- Para salvar pelotas comprometidas hay que aprender a hacer [redacted].

3. Resuelve en tu libreta las cuestiones siguientes:

- Dibuja el esquema de la secuencia lógica del juego de voleibol.
- ¿Cómo es la posición básica del jugador de voleibol?
- Dibuja dos campos de voleibol e indica la posición de los jugadores:
  - en la recepción del servicio en 1-3-2
  - en defensa 3-1-2

4. Relaciona las infracciones de la primera columna con la definición correspondiente.

- 4 toques
- dos toques por jugador
- retención
- invasión
- red
- falta de rotación
- servicio

- No se puede tocar la red con el cuerpo.
- Es falta agarrar o retener la pelota con las manos o los dedos, siempre hay que golpearla.
- El equipo dispone de hasta tres toques para enviar la pelota al campo contrario. El toque de bloqueo no cuenta.
- Cada vez que un equipo comienza un set, donde se acaba de recuperar el servicio, todos los jugadores deben rotar una posición en el sentido de las agujas del reloj.
- No se puede ni bloquear ni rematar el servicio.
- Un jugador puede tocar la pelota con cualquier parte del cuerpo, pero no lo puede hacer dos veces seguidas.
- No se puede sobrepasar la línea central del terreno de juego, excepto con las manos cuando se hace el bloqueo.

b. Practica y valora

5. En grupos de 5, organizad una pequeña competición. Intentad encestar en una canasta mediante el toque de dedos o la mano baja. La canasta con toque de dedos vale 1 punto, la canasta con mano baja vale 2. Anotad los resultados en vuestra libreta.

6. Organizad una liguilla de 6c6 a la hora del recreo. Anotad los resultados en una tabla como la del ejemplo.

- Pactad la duración de cada partido y el reglamento.
- Organizad el sistema de competición.
- Poned nombre a los equipos.
- Sistema de puntuación:

Partido ganado = 3 puntos

Partido empatado = 2 puntos

Partido jugado = 1 punto

Nombre del equipo	Puntos	Clasificación

La fuerza física y el respeto por el adversario son dos características fundamentales para un buen jugador de *rugby*.

9

El *rugby*

#Contacto

A primera vista, este deporte de equipo puede parecer excesivamente duro, pero se trata de un juego con valores deportivos y características que lo hacen único y que genera un profundo sentimiento de pertenencia a los que lo juegan.

En muchos casos, se dice que va más allá del deporte, porque tiene valores y procedimientos de competición que lo convierten en una filosofía de vida.

1. ¿Cómo se juega?

Es un deporte en el que se enfrentan dos equipos. Se juega con la pelota en la mano y no se pueden hacer pases hacia adelante.

- **Terreno de juego:** es un campo rectangular de 100 × 60 metros que se divide en dos mitades con las siguientes características:

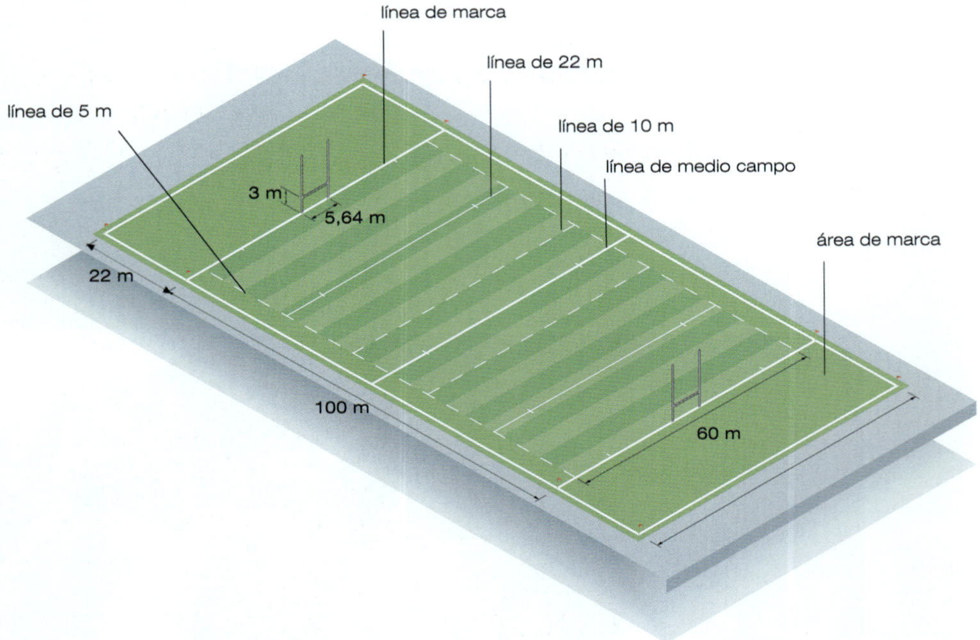

- **Objetivo del juego:** plantar la pelota en el área de marca del equipo contrario jugando básicamente con las manos. Gana el equipo que consigue más puntos.
- **Duración del partido:** se juegan dos partes de cuarenta minutos cada una con un descanso de cinco minutos.
- **Jugadores:** cada equipo está formado por quince jugadores. Hay dos tipos de jugadores, los delanteros, encargados de la lucha directa por la posesión de la pelota, y los tres cuartos, que se encargan de jugar las pelotas recuperadas por los delanteros.
- **Puntuación:** en *rugby* se puntúa de diferentes maneras:
  - El **ensayo**: consiste en dejar la pelota en el suelo dentro de la zona de marca del equipo contrario, vale cinco puntos.
  - La **transformación**: consiste en chutar la pelota por encima de la portería contraria, después de un ensayo, vale dos puntos.
  - El **golpe de castigo**: consiste en chutar la pelota por encima de la portería contraria, tras una infracción, vale tres puntos.
  - El **chut de bote pronto o *drop***: consiste en pasar el balón por encima de la portería contraria mediante un disparo en una fase dinámica del juego, vale tres puntos.

El ensayo es la jugada mejor puntuada del *rugby*.

2. Las reglas básicas del juego

- Los jugadores que se encuentran detrás de la pelota pueden cogerla, correr y pasarla o chutarla.

  No pueden hacer las siguientes acciones:

  - **Avant:** es la infracción que se comete al pasar o lanzar la pelota hacia delante en dirección al campo adversario; se sanciona con melé.
  - **Retención:** se produce cuando un jugador placado no suelta el balón; se sanciona con un golpe de castigo.

- Solo se puede placar al jugador que lleva la pelota, que se puede defender del placaje con la palma de la mano.

Está prohibido golpear, dar patadas, hacer zancadillas, etc. Tampoco se puede placar violentamente. Infringir estas normas se sanciona con un golpe de castigo.

- Sobre los límites del campo, hay dos situaciones que interrumpen el juego:
  - **Fuera de banda:** se produce cuando la pelota o el jugador que la lleva toca o cruza la línea lateral. El balón se pone en juego desde donde ha salido con un servicio lateral o *touche*.
  - **Fuera de juego:** un jugador se encuentra en fuera de juego cuando está más avanzado que la pelota y participa en el juego; se sanciona con un golpe franco.

- Las sanciones pueden ser de dos formas, melé o chut:
  - **La melé:** los jugadores del mismo equipo se disponen en 2 o 3 líneas y, cogidos por los hombros y con la cabeza baja, empujan a los jugadores contrarios para ganar terreno y recuperar la pelota.

    Dentro de la melé, la pelota solo se puede empujar con los pies para que salga de la melé y siempre después de que haya hecho un bote en el suelo. La pelota no se puede coger con las manos.

    La melé es ordenada por el árbitro como sanción.
  - **El chut:** el **golpe franco** es la sanción a una falta técnica en la que se efectúa el servicio desde donde se ha producido la falta, utilizando cualquier tipo de chut; no se puede, sin embargo, transformar; el **golpe de castigo** es la sanción aplicada sobre las infracciones reglamentarias en que el servicio se produce mediante un chut al vuelo, jugando el balón con la mano o bien intentando una transformación.

Jugadores de dos equipos enfrascados en una melé.

En *rugby* solo puede placarse al jugador que lleva el balón.

Un jugador atrapa el balón después de un fuera de banda.

Dependiendo de la posición de la infracción, el jugador puede intentar puntuar directamente con un chut.

El pase lateral se realiza con las dos manos y se acompaña con una rotación del tronco.

El chut puede servir para alejar el balón de la zona de marca propia y acercarse a la contraria.

El atacante logra desmarcarse de su defensor gracias a un regate.

3. La técnica

Técnicas de ataque

El pase

Debe ser muy preciso dadas las características de la pelota. Puede ser:

- **Lateral con dos manos:** se coge la pelota con las dos manos; se lanza impulsándola con los dos brazos a la vez, acompañando el movimiento con una rotación del tronco y procurando que el extremo del balón apunte hacia el receptor.
- **De mano en mano:** el más seguro en las aglomeraciones de jugadores. Se trata de esconder el balón con el cuerpo para que los contrarios no sepan hacia qué lado se dirigirá el pase.
- **Con el pie:** se deja caer la pelota de las manos y se chuta, normalmente de volea. Es el único pase que se puede hacer hacia adelante y sirve para avanzar terreno mientras la pelota está en el aire. El chut puede ir a parar a un compañero situado detrás del pateador, o bien puede ser recibido por el mismo pateador. Este autopase se denomina *disparo a seguir*.

El chut

El objetivo de un chut puede ser alejar el balón de una zona cercana a la propia línea de marca, ganar metros para acercarse a la línea de marca contraria, o bien hacer pasar el balón entre los palos.

El regate

Consiste en movimientos o fintas que se hacen para engañar al contrario. Se realiza marcando con decisión un movimiento o una trayectoria y se cambia de dirección repentinamente.

Percusión

Es la acción que hace el jugador que lleva el balón impactando con el hombro contra el adversario que lo intenta placar.

Técnicas defensivas

La recepción

Dadas las características de la pelota de *rugby*, es muy difícil controlarla cuando cae al suelo. Se puede recibir de un pase con la mano, en el que la pelota vendrá de delante y normalmente en línea horizontal, o de un pase con el pie, y entonces vendrá de atrás y por arriba.

El placaje

Es la acción de interceptar a un adversario que lleva la pelota, sujetándolo por el cuerpo por debajo de la línea de los hombros para hacerlo caer. Se hace antes de que el atacante pueda hacer un pase. Así, si el contrario cae al suelo se puede recuperar la pelota, y si no cae, se puede organizar una melé espontánea.

Las características del balón de *rugby* dificultan su recepción.

4. Especialización en un equipo de *rugby*

Posiciones y numeración de los jugadores en la melé:

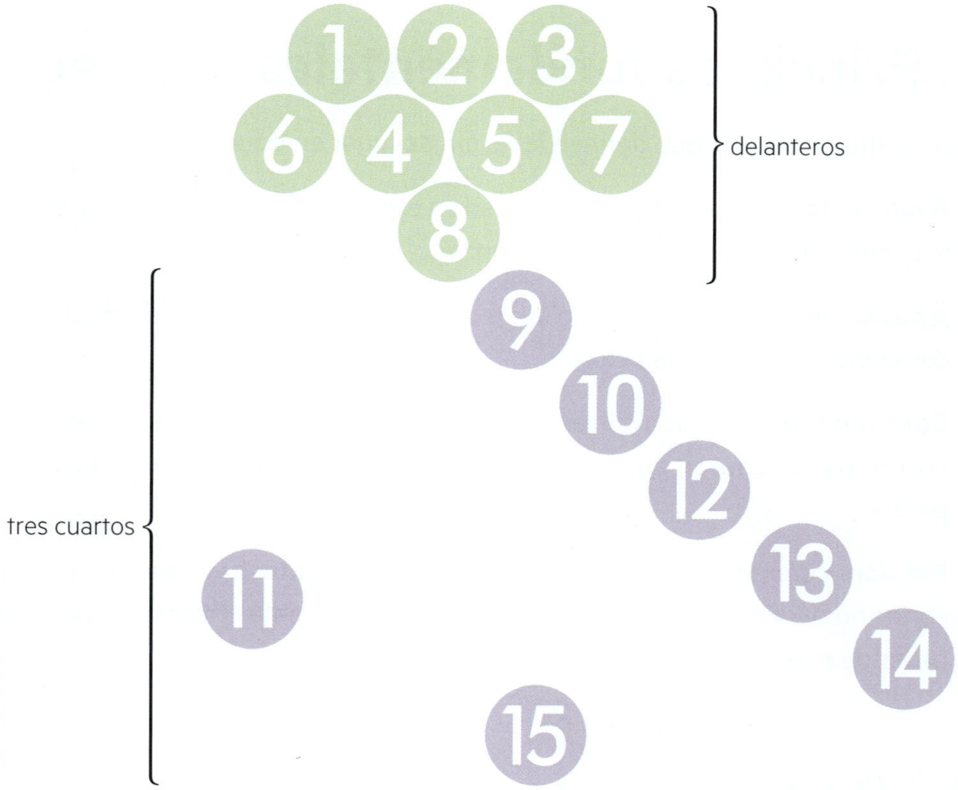

La defensora efectúa un placaje para impedir la progresión de la rival e intentar recuperar la pelota.

Delanteros:

- Los **pilares**, que forman la primera línea de la melé, son los jugadores más fuertes y se identifican con los números 1 y 3.
- El **talonador**, encargado de ganar el balón en la melé y lanzar la *touche*, se identifica con el número 2.
- Los **segundas líneas**, responsables de ganar la *touche* y empujar para ganar la melé, llevan los números 4 y 5.
- Los **terceras** son los que inician las jugadas de ataque a partir de las fases estáticas y se numeran con el 6, el 7 y el 8.

Dos pilares concentrados a punto de iniciar una melé.

El equipo atacante avanza mediante pases laterales.

El equipo defensor debe impedir el avance del rival y recuperar la pelota.

Imagen de un partido de calcio florentino, deporte que tiene su origen en el harpastum practicado por los antiguos romanos. Ambos guardan parecido con el *rugby*.

Tres cuartos:

- Los **medios** (el medio de melé y el medio de apertura), encargados de organizar el juego del equipo y especialistas en el juego con el pie, llevan los números 9 y 10.
- Los dos **centros**, que forman el eje del ataque cuando se juega el balón con la mano, llevan los números 12 y 13.
- Los **defensas** (dos alas y zaguero), que inician los contraataques desde atrás, son los números 11, 14 y 15

5. Principios fundamentales del juego

Hay cuatro principios que definen la forma de jugar en equipo:

- **Avanzar:** hay que buscar la verticalidad en el juego, ya que es imposible marcar si cuando se tiene el balón no se avanza.
- **Apoyar:** en el juego en equipo la atención debe centrarse en dar soporte al compañero que tiene la pelota.
- **Continuidad:** hay que utilizar todas las posibilidades que ofrece el juego: correr, pasar, chutar, agruparse... para no detener el juego y no perder la pelota.
- **Presión:** cuando no se está en posesión de la pelota, hay que presionar al contrario para evitar que avance y favorecer que cometa errores que permitan pasar de nuevo al ataque.

6. ¿De dónde viene el *rugby*?

Aunque se cree que sus orígenes se encuentran en los juegos de lucha y pelota que se practicaban en la Antigüedad clásica, el nacimiento del *rugby* que ahora conocemos se fecha en 1823 en Inglaterra, cuando un joven estudiante de la ciudad de Rugby que estaba jugando al fútbol con sus compañeros, en un ataque de ira cogió la pelota con la mano y corrió hasta la portería contraria. En poco tiempo, esta acción se convirtió en el nacimiento de un nuevo deporte que tomó el nombre de la ciudad de origen. El joven se llamaba William Web Ellis.

La práctica del *rugby* se extendió durante la expansión colonial británica por todo el mundo, y, a través de Francia, se difundió también por todo el continente europeo.

¿Sabías que...?

- El Torneo de las Seis Naciones es el torneo más antiguo de entre todas las competiciones que se disputan actualmente en *rugby*. Nació en 1871 con un partido entre Inglaterra y Escocia.
- La Rugby School es la escuela donde nació el *rugby* y fue fundada en 1567.
- El inventor del baloncesto fue un entrenador de *rugby* que, en 1891, ideó una manera de seguir entrenando en el interior en invierno.

Medio tiempo en un enfrentamiento entre Gales y Escocia en 1927. Los británicos son los padres del *rugby* moderno.

Adquisición de saberes

- Coordinación de las acciones motrices para la resolución de la acción/tarea en situaciones cooperativas.
- Búsqueda de la acción óptima en función de la acción y ubicación del rival, así como del lugar en el que se encuentre el móvil y/o resultado en situaciones motrices de persecución y de interacción con un móvil.
- Delimitación de estrategias previas de ataque y defensa en función de las características de los integrantes del equipo y del equipo rival en situaciones motrices de colaboración-oposición de persecución y de interacción con un móvil.

Actividades finales

a. Conceptos y conocimientos

1. Relaciona en tu libreta los diferentes tipos de puntuación con el valor correspondiente.

• ensayo	• 2 puntos
• transformación	• 3 puntos
• golpe de castigo	• 3 puntos
• disparo de rebote o *drop*	• 5 puntos

2. Copia en tu libreta y completa los siguientes enunciados:

- El objetivo del *rugby* es [redacted] la pelota en [redacted] del equipo contrario jugando básicamente con [redacted]. Gana el equipo que consigue [redacted].
- El partido tiene una duración de [redacted]: se juegan [redacted] partes [redacted] minutos con un descanso de [redacted] minutos.
- Cada equipo está formado por [redacted] jugadores. Hay dos tipos de jugadores, los [redacted], encargados de la [redacted] de la pelota y los [redacted], que se encargan de [redacted] por los delanteros.

3. Señala en tu libreta si los siguientes enunciados son verdaderos o falsos:

a) Solo se puede placar al jugador que lleva la pelota.

b) Está permitido golpear, dar patadas y hacer zancadillas al adversario.

c) Un jugador placado debe soltar la pelota; si no, es sancionado por retención.

d) Un jugador se encuentra en fuera de juego cuando se encuentra más adelantado que el balón, aunque no participe en el juego.

e) Los jugadores llamados *tres cuartos* son los más fuertes y forman la primera línea de la melé.

f) Dentro de la melé, la pelota no se puede coger con las manos.

g) En la recepción hay que tener en cuenta que el pase vendrá desde atrás y normalmente en línea horizontal.

4. Asigna en tu libreta a cada jugador el número de camiseta que lo identifica. A continuación, dibuja un esquema de la disposición de los jugadores de *rugby* en una melé y asigna una posición a cada jugador.

- Los pilares:
- El talonador:
- Los segundas líneas:
- Los terceras líneas:
- Los medios:
- Los centrales:
- Los defensas (dos alas y zaguero):

5. Dibuja en tu libreta un campo de *rugby* y señala los siguientes elementos:

- medidas de cada sección del campo
- líneas de marca
- líneas de 5 metros
- líneas de 10 metros
- líneas de medio campo
- áreas de marca

6. Define en tu libreta las siguientes técnicas:

- pase lateral con dos manos
- chut
- regate
- percusión
- placaje

b. Pensando en mí

7. Práctica 1

Individualmente con una pelota: Colocado 1 metro por delante de la línea de fondo a unos 8 metros de la portería, haz pases de lado para marcar gol.

Ocho jugadores y cuatro pelotas, por parejas en los vértices de un cuadrado:

A. Cruces llevando el balón con las dos manos para dársela al compañero del vértice opuesto (evitar choques).

B. Los mismos cruces, pero saliendo a recibir el balón a medio camino.

8. Práctica 2

Juegos

A. (2 × 1) Tres jugadores. Dos se pasan el balón e intentan tocar al tercero. El jugador que tiene el balón no puede caminar hasta que no lo pasa. Se puede delimitar el espacio.

B. (3 × 1) Tres jugadores se colocan en fila cogidos por la cintura y un cuarto compañero, situado con la pelota delante de él, intenta tocar al último de la fila.

Es necesario acatar las normas del juego y el funcionamiento interno del equipo, respetando a los compañeros y siendo solidarios. El respeto mutuo es clave.

10

El baloncesto

#JuegodeEquipo

Una vez estudiados los fundamentos básicos del baloncesto, como botar la pelota, pasar y lanzar a canasta, seguiremos avanzando en el conocimiento del juego de equipo y los fundamentos técnicos del baloncesto.

Aprenderemos la defensa uno contra uno asumiendo esta **responsabilidad** individual.

La **cooperación y el trabajo en equipo** son dos valores esenciales para divertirse con este deporte. Ningún jugador puede ganar solo. Pasar la pelota es clave para jugar en los deportes colectivos.

El objetivo del baloncesto es introducir el balón en la canasta del equipo contrario.

1. Recordemos el reglamento básico

Objetivo del juego: introducir la pelota en la canasta del equipo contrario y conseguir más puntos. En caso de empate se juegan tantas prórrogas como sea necesario hasta que un equipo gana.

Duración del partido: cuatro partes de diez minutos en que se detiene el tiempo cada vez que el árbitro pita. Se hace un descanso largo de diez a quince minutos después del segundo tiempo. Después del primer y tercer tiempo hay dos minutos de descanso. Las prórrogas tienen una duración de cinco minutos.

Inicio del partido: en el primer periodo, el árbitro pone en juego la pelota lanzándola al aire en el centro del campo entre dos jugadores, uno de cada equipo, que saltan para tratar de obtener el control. En los tres siguientes periodos la mesa arbitral decide quién tiene la pelota para empezar.

Salto entre dos jugadores al empezar un partido.

Lanzamiento de tiro libre después de una falta personal. El enceste vale solo un punto.

Jugadores: en la pista juegan cinco jugadores contra cinco y los equipos están compuestos de un máximo de doce jugadores y un mínimo de ocho.

Puntuación: hay tres valores diferentes:

- tres puntos si se acierta el lanzamiento fuera de la línea de 6,25 m (6,75 m para los equipos profesionales);
- dos puntos si se acierta desde dentro de la línea de 6,25 m;
- un punto si se acierta desde la línea de tiros libres.

Reglamento del baloncesto

La pelota se juega con las manos y está prohibido golpearla con el pie o el puño.

Acciones antirreglamentarias	dobles • Botar la pelota con las dos manos a la vez. • Detener el bote, coger la pelota con las manos y volverla a botar.
	pasos • Correr o caminar sin botar la pelota. • (Se permiten dos pasos para lanzar el balón a canasta o pasarla a un compañero desmarcado).
	campo atrás • Una vez cruzada la línea de medio campo no se puede hacer retroceder la pelota al campo defensivo.
	24 segundos • Límite de tiempo de que dispone un equipo para atacar sin lanzar a canasta.
	5 segundos • Límite de tiempo de que dispone un jugador en posesión de la pelota para hacer un pase, lanzar a canasta o hacerla botar.
	3 segundos • Límite de tiempo durante el cual un jugador atacante puede permanecer dentro de la zona de canasta del equipo contrario, es decir, el campo de ataque.
	pies • Acción de tocar la pelota con las piernas o los pies.
	fuera • Acción en que un jugador en posesión de la pelota sale de los límites del campo o pisa las líneas de fondo o de banda.
	sanción • Todas estas infracciones se sancionan con la pérdida de la pelota por parte del equipo infractor. El equipo contrario recupera la posesión y pone en juego la pelota desde la línea de banda o de fondo más cercana.
	falta personal • Acción antirreglamentaria que se produce en el momento en que hay un contacto físico (un toque o un empujón) con un jugador del equipo contrario.
	sanciones • Servicio desde la línea de fondo más cercana. • Dos tiros libres a cargo del jugador que recibe la falta si el jugador estaba en situación de lanzamiento. • Tres tiros libres si el jugador estaba lanzando desde fuera de la línea de 6,75 m. • Un lanzamiento libre adicional si el jugador recibe la falta en la acción de tiro y encesta. • Cuando un jugador comete cinco faltas personales debe abandonar el campo y ser sustituido por un compañero o compañera del equipo.

2. Fundamentos o acciones para atacar

Recordemos el tiro, el pase y el bote

- **El tiro o lanzamiento**

Es el gesto técnico mediante el cual se impulsa la pelota con precisión para tratar de encestarla.

A la izquierda, entrada a canasta para encestar de bandeja. A la derecha, un mate.

- **Lanzamiento de media o larga distancia**

– Los pies estarán encarados a la canasta y un poco separados.

– Las piernas, ligeramente flexionadas (como la posición de base).

– Con la pelota en las manos, se levanta el codo por delante de la barbilla al tiempo que se flexionan las piernas.

– Se da un golpe de muñeca y, por último, un golpe de dedos.

– Después de lanzar la pelota, la mano y el brazo de tiro deben quedar elevados, completamente rectos y alineados con la canasta.

- **Lanzamiento cerca de la canasta con entrada**

La entrada a canasta consiste en dar dos pasos sin botar la pelota cuando se está cerca de la canasta. Puede ser después de un salto o de una recepción de la pelota.

Se puede hacer un tiro en bandeja, de gancho o un mate.

- **El pase**

Es la forma más habitual y rápida de mover la pelota. Cuando se pasa la pelota a un compañero situado en una situación óptima de tiro a canasta, sin oposición, decimos que se hace una *asistencia*.

Se pueden hacer pases de pecho, de béisbol, laterales...

A la izquierda, postura del pase de pecho que se ejecuta con ambas manos. A la derecha, postura del pase de béisbol que se ejecuta con una mano, generalmente a larga distancia.

- **El bote**

  - **Bote de velocidad:** si no hay ningún defensor próximo, se puede hacer un bote alto y hacia adelante con el objetivo de avanzar rápidamente y en carrera a través de la pista.

  - **Bote de protección:** si hay un defensor cerca, se hace un bote bajo y de lado, de modo que el propio cuerpo proteja la pelota, con el objetivo de evitar que el defensor la robe. Este estilo de bote permite hacer cambios de ritmo según convenga.

Bote de velocidad en carrera y sin oposición de ningún defensor.

El jugador atacante se dispone a efectuar un regate de espaldas.

Para efectuar un regate es fundamental que nos fijemos en cómo nos está marcando el defensor.

El uno contra uno en ataque

Para poder superar a un contrincante cuando se tiene la pelota, hay que observarlo y aplicar la técnica necesaria con la máxima velocidad posible.

- **El dribbling:** el *dribbling* es una acción que tiene como objetivo esquivar a un jugador defensor en una acción de uno contra uno. Consiste en cambiar la dirección del desplazamiento por medio de un cambio de mano de la pelota mientras se hace botar. Los cambios de mano pueden ser:
  - Por delante del cuerpo, por debajo de las piernas, por detrás del cuerpo: hay que hacerlo a gran velocidad dando un golpe de muñeca y acompañando el balón hacia la dirección que convenga.
  - Bote con reverso: cambio de dirección en la que un jugador da la espalda al defensor pivotando sobre un pie y acompañando el balón con una acción rápida.
  - Las arrancadas: si un jugador está parado con la pelota y un defensor se acerca, debe plantarse bien sobre los dos pies, con el centro de gravedad bajo para poder arrancar más rápidamente que el contrincante y ganar la ventaja. Es importante que se fije en cómo lo está marcando ese defensor.

Acciones para desmarcarse del defensor

- **Puerta atrás:** cuando el defensor está muy encima o despistado, el atacante corre hacia la canasta por detrás de él con el objetivo de cogerlo a contrapié.
- **Pasar y cortar:** es la jugada más elemental que se hace entre dos jugadores y es una acción común a todos los deportes de equipo con adversario. Se hace, por ejemplo, en balonmano y en *hockey*. En fútbol, se denomina pared. El jugador que tiene la pelota la pasa a un compañero y «corta», es decir, se dirige a gran velocidad hacia la canasta o adelante para dejar al defensor atrás y poder recibir de nuevo la pelota.

Esquema de la jugada de pasar y cortar.

- **El bloqueo:** es la obstrucción con el cuerpo que efectúan uno o más atacantes contra un defensor para facilitar que un compañero de equipo quede libre. Es una acción del juego de equipo que hay que conocer, pero es difícil de llevar a la práctica porque requiere entrenamiento y una buena coordinación entre los jugadores del equipo. El bloqueo se puede hacer para proteger a un compañero que tiene la pelota (bloqueo directo) o cuando no la tiene (bloqueo indirecto). La dificultad técnica y táctica de la acción radica en el hecho de que el bloqueador no se puede mover para corregir la posición porque, si lo hace, hará falta.

El jugador atacante que no tiene la pelota efectúa un bloqueo sobre el defensor para facilitar el paso a su compañero.

- **Las fintas:** son acciones que hace un jugador para engañar al adversario que lo marca. Consisten en iniciar un movimiento para provocar que el contrincante reaccione y se mueva en una dirección. Cuando lo hace, se interrumpe bruscamente el movimiento y se inicia otro en sentido contrario, por lo que la misma inercia del defensor garantiza el desmarque. Las fintas más frecuentes son:
  - Fintas de tiro o de pase: con un movimiento que simula el tiro o el pase se puede conseguir desequilibrar al contrincante para ganar ventaja y entrar a canasta, superarlo...
  - Fintas de recepción: consisten en engañar al contrincante simulando una trayectoria para cambiar repentinamente de dirección y desmarcarse para poder recibir la pelota.
  - Fintas defensivas: se suelen hacer en los casos de superioridad numérica, es decir, cuando hay más atacantes que defensores, por ejemplo en un contraataque de dos atacantes contra un defensor. Este debe moverse rápidamente haciendo fintas defensivas para tratar de disminuir esa desventaja de juego.

El jugador atacante en el momento en que cambia de dirección con una finta y deja a su oponente a contrapié.

3. Fundamentos o acciones para defender

Uno contra uno en defensa

Hay que marcar al jugador que tiene la pelota con una postura flexionada y muy atentos a hacer buenos desplazamientos laterales para no ser superados por el atacante.

La distancia entre el atacante y el defensor es diferente según la situación del atacante.

- Si el atacante tiene la pelota, el defensor se coloca entre el oponente y la canasta.
  - Si no ha hecho botar la pelota o la está botando, hay que estar cerca pero a punto para rectificar la posición mediante desplazamientos laterales rápidos.
  - Si el jugador ha dejado de botar la pelota, hay que estar cerca y dificultar que pueda pasar el balón a un compañero.
- Si el atacante no tiene la pelota, el defensor debe estar colocado a una distancia desde la cual pueda ver al jugador y la pelota. Se produce una posición de triángulo (triangulación) entre el defensor, el atacante y el balón.

Dos defensores se interponen entre el atacante y el balón en una acción de bloqueo de rebote.

El rebote

Es la acción de ir a buscar la pelota una vez se ha lanzado a canasta. Esta acción puede ir a cargo tanto de los atacantes como de los defensores, pero por su proximidad a canasta es básicamente defensiva. Por eso es muy importante que los defensores interpongan el cuerpo entre el atacante y el balón, haciendo lo que se llama **bloqueo de rebote**.

A la izquierda, el defensor marca al atacante con el balón entre él y la canasta. A la derecha, el defensor del fondo se queda en posición de triángulo entre su marca y el poseedor de la pelota.

4. Juego en equipo

1.º Balance rápido (en defensa y ataque)

Cuando un equipo pierde la pelota, los cinco jugadores deben bajar en *sprint* a defender y, una vez recuperada, subir todo el equipo rápidamente a la zona de ataque para intentar un ataque rápido (**contraataque**). Nadie debe quedar por el medio de la pista. Hay que subir a la zona de ataque y bajar a la de defensa a una gran velocidad.

Después de robar la pelota, el equipo defensor sale rápidamente al contraataque.

2.º Respetar los espacios. Jugar sin molestarse unos a otros

Cuando no se tiene la pelota, hay que respetar los espacios y no acercarse demasiado a buscar la pelota que tiene un compañero. Es necesario desmarcarse. Para jugar organizados sin aglutinarse alrededor de la pelota hay cinco posiciones.

Los espacios son los siguientes:

Un jugador por el centro, dos a la derecha y dos a la izquierda. Desde esta organización inicial, hay que cumplir cinco normas principales:

- No ocupar dos jugadores el mismo espacio.
- Dejar espacio al jugador con la pelota para hacer un uno contra uno.
- Pasar la pelota al jugador que está solo y mejor posicionado.
- Desmarcarse si no se tiene la pelota.
- Pasar y cortar siempre que sea posible.

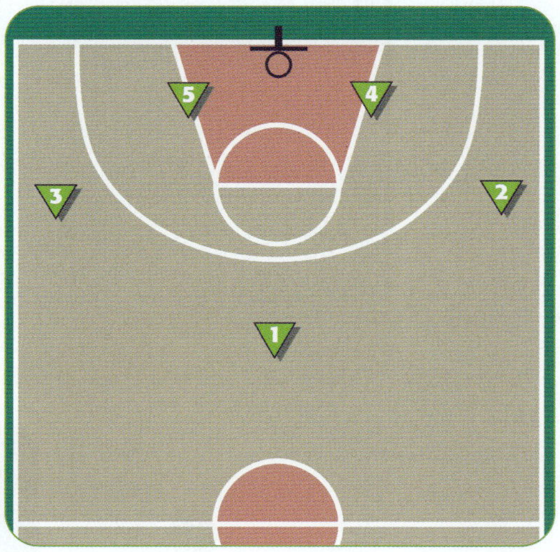

Esquema de la posición de los jugadores en el campo.

3.º Defensa en equipo

- **Defensa individual:** cada defensor tiene la responsabilidad de marcar a un adversario. En este tipo de defensa pueden entrar en juego las **ayudas defensivas**, que consisten en ocuparse momentáneamente de un atacante que ha superado a un compañero para volver rápidamente al marcaje del mismo adversario. Para llevar a cabo esta ayuda hay que hacer un desplazamiento rápido hasta el atacante para detenerlo.

Cada una de las defensoras marca individualmente a una de las atacantes.

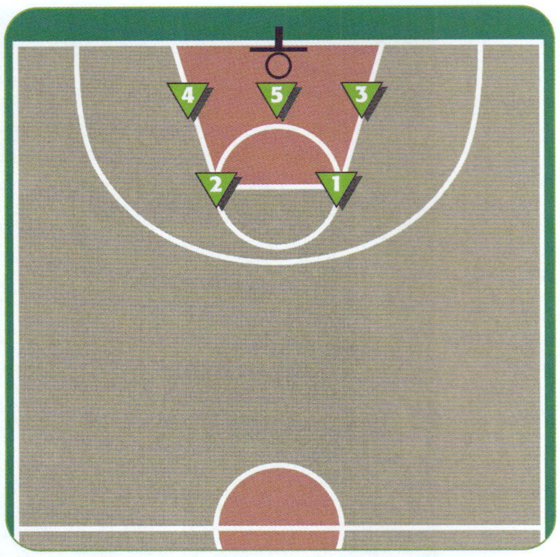

Sistema 2-3.

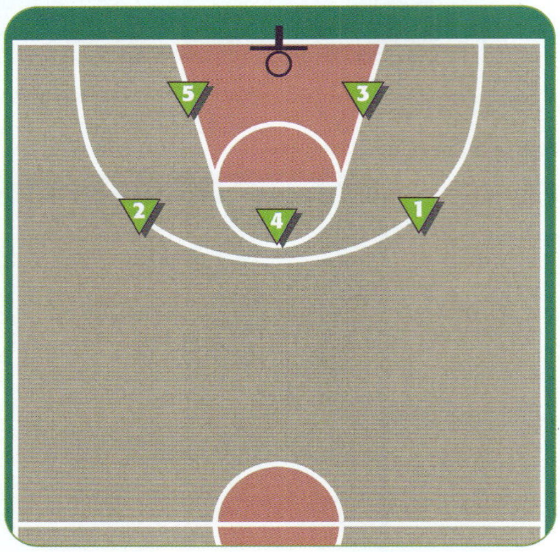

Sistema 3-2.

- **Defensa en zona:** cada jugador se encarga de defender una zona de la pista de una manera ordenada y sincronizada con los compañeros. Los sistemas más utilizados son las zonas 2-3 y 3-2.
  - 2-3: dos jugadores se colocan delante de la botella y los otros tres, más cerca de la canasta para asegurar mejor el rebote.
  - 3-2: tres jugadores se colocan en una posición más avanzada y los otros dos, más cercanos a la canasta. Esta disposición permite defender contra equipos que tengan lanzadores de larga distancia.
- **Defensa mixta:** se emplea para poder defender mejor contra un equipo que tiene uno o dos jugadores que anotan con mucha facilidad. Una parte del equipo defiende en zona y la otra parte hace defensa individual. Las defensas mixtas más utilizadas son:
  - 4-1: un jugador hace defensa individual y cuatro en zona.
  - 3-2: dos jugadores hacen defensa individual y tres en zona.
- **Defensa presionando:** este tipo de defensa requiere un gran esfuerzo físico porque se hace en toda la pista. De este modo se crean más dificultades al equipo atacante para bajar la pelota.

  Este tipo de defensa puede ser individual o en zona.

> **i** Tanto en defensas individuales como zonales hay muchas variantes defensivas. Una de las más utilizadas, cuando el equipo está suficientemente entrenado, es saltar a defender dos jugadores contra uno.

> **i** Cuando se empieza a jugar al baloncesto, primero se aprende la defensa individual, para luego aprender la defensa en zona.

Marta Xargay presiona a su rival en los europeos de Belgrado del 2019. La selección española femenina ha ganado tres de los últimos cuatro campeonatos europeos.

¿Sabías que...?

- El baloncesto fue creado en 1891 por el estadounidense James Naismith, un profesor de Educación física del YMCA (Young Men's Christian Association, 'Asociación Cristiana de Jóvenes') de Springfield.
- En los primeros días del baloncesto profesional, los jugadores medían un promedio de 1,75 y 1,80 m. En la actualidad, la estatura de la mayoría de jugadores está entre 1,90 m y 2,15 m.
- El mítico jugador Kareem Abdul-Jabbar es el máximo anotador de la NBA desde su retiro en 1989 con un total de 38 387 puntos. Lo sigue Karl Malone con 36 928. Kobe Bryant, LeBron James o Michael Jordan no han logrado batir esa marca.
- La selección española de baloncesto se proclamó campeona del mundo por segunda vez en China en el 2019. La primera fue en Japón en el 2006.

Ricky Rubio y Marc Gasol fueron elegidos para el All Star team junto a Bogdanovic, Fournier y Scola después de la victoria de España contra Argentina en la final del campeonato del 2019 en Pekín.

El doctor Naismith con un balón y un cesto.

Adquisición de saberes

- Coordinación de las acciones motrices para la resolución de la acción/tarea en situaciones cooperativas.
- Búsqueda de la acción óptima en función de la acción y ubicación del rival, así como del lugar en el que se encuentre el móvil y/o resultado en situaciones motrices de persecución y de interacción con un móvil.
- Delimitación de estrategias previas de ataque y defensa en función de las características de los integrantes del equipo y del equipo rival en situaciones motrices de colaboración-oposición de persecución y de interacción con un móvil.

Actividades finales

a. Conceptos y conocimientos

1. Relaciona en tu libreta las infracciones o los conceptos del reglamento de la primera columna con las consecuencias que comportan de la segunda.

- Hacer botar la pelota por encima de la cintura.
- Tiempo de que dispone un equipo para atacar.
- Empujar o tocar a un jugador del equipo contrario.
- Correr o caminar con la pelota en la mano sin hacerla botar.
- Acertar un lanzamiento más allá de 6,75 m.
- Tiempo de que dispone un jugador para permanecer dentro de la zona en el campo de ataque.
- Tiempo de que dispone un jugador para mantener la pelota en la mano sin hacerla botar, tirar ni pasarla.
- Tocar la pelota con las piernas o los pies al correr o caminar haciéndola botar.
- Acción en que un jugador en posesión de la pelota sale de los límites del campo o pisa las líneas de fondo o de banda.

- 3 segundos
- falta personal
- dobles
- 24 segundos
- pasos
- fuera
- 5 segundos
- pies
- pasos
- 3 puntos

2. Cita tres acciones que se pueden realizar para desmarcarse del defensor.

3. Dibuja un campo de juego en tu libreta y coloca a los cinco jugadores en posición inicial de juego, cada uno en el espacio que le corresponde.

4. Define qué son las fintas. ¿Qué tipos de fintas conoces?

5. Señala en tu libreta si estos enunciados son verdaderos o falsos:

a) Cuando un equipo pierde la pelota debe lanzarse rápidamente al contraataque.

b) El rebote es la acción de ir a buscar la pelota una vez se ha lanzado a canasta.

c) En la defensa individual, cada jugador se encarga de defender una zona de la pista.

d) El bloqueo es la obstrucción con el cuerpo que efectúan uno o más atacantes contra un defensor.

e) La entrada a canasta consiste en dar dos pasos botando la pelota cuando se está cerca de la canasta.

f) El lanzamiento fuera de la línea de 6,25 se valora con dos puntos.

g) El lanzamiento es la forma más habitual y rápida de mover la pelota.

h) El bote de velocidad se hace bajo y de lado, de modo que el propio cuerpo proteja la pelota.

i) El *dribbling* es una acción que tiene como objetivo esquivar a un jugador defensor en una acción de uno contra uno.

6. Completa en tu libreta estas frases relativas a los espacios:

- No ocupar dos jugadores el mismo _____.
- Dejar espacio al jugador con la pelota para hacer un _____.
- Pasar la pelota al jugador que está solo y mejor _____.
- _____ si no se tiene la pelota.
- _____ siempre que sea posible.

7. Define con tus propias palabras los siguientes tipos de defensa:

- defensa individual
- defensa en zona
- defensa mixta

8. Señala en tu libreta a qué tipo de acción para desmarcarse del defensor corresponden estas definiciones:

a) El jugador que tiene la pelota la pasa a un compañero y se dirige a gran velocidad hacia la canasta o adelante para dejar al defensor atrás y poder recibir de nuevo la pelota.

b) El atacante (o más de uno) obstruye con el cuerpo a un defensor para facilitar que un compañero de equipo quede libre.

c) El atacante corre hacia la canasta por detrás del defensor con el objetivo de cogerlo a contrapié.

d) El ata cante inicia un movimiento para provocar que el contrincante reaccione y se mueva en una dirección.

b. Pensando en mí

9. Por parejas, haced una competición y anotad los aciertos en vuestra libreta.

	Jugador A	Jugador B
Hacer entradas a canasta desde medio campo. 5 entradas seguidas.		
Tirar la pelota desde debajo del tablero, saltar a buscar la pelota y tirar a canasta apoyándose en el aro.		
Tiros libres. 5 tiros seguidos.		

10. Organizad una liguilla de 5c5 a la hora de patio.

- Pactad la duración de cada partido y el reglamento.
- Organizad el sistema de competición.
- Poned nombre a los equipos.
- Puntuación:

  – partido ganado = 3 puntos

  – partido empatado = 2 puntos

  – partido jugado = 1 punto

  Anotad la tabla clasificatoria y los resultados en vuestra libreta.

Bloque 4

Autorregulación emocional e interacción social en situaciones motrices

Como seres sensibles, las personas percibimos por medio de los sentidos un buen número de sensaciones que nos causan reacciones de tristeza, sorpresa, admiración, alegría, etc.

Para expresarlas lloramos, gritamos, gesticulamos, saltamos o bailamos. Estas manifestaciones a menudo son involuntarias, pero en otras ocasiones se utiliza el cuerpo de forma consciente como medio de expresión. Para hacerlo, se pueden utilizar algunas técnicas concretas para expresar sin palabras actitudes y sentimientos muy diversos.

Además, la posibilidad de expresarse con los movimientos del cuerpo nos enseña a comunicar nuestras necesidades y sentimientos venciendo las barreras del lenguaje y, al tiempo, nos permite acercarnos y comprender mejor a nuestros compañeros y compañeras.

Unidad

11

Métodos de relajación

#InspiroEspiro

Eliminar tensiones del sistema muscular es vital para la salud. La relajación nos hace descansar, porque detiene la acción muscular y nos ayuda a alcanzar un estado de equilibrio mental.

El trapecio, el cuadrado lumbar, las cervicales, el iliopsoas... son zonas propensas a acumular tensión y estirarlos adecuadamente es una manera de liberar tensión.

La respiración nos ayuda a alcanzar estados de relajación mental. Cuando el cuerpo se relaja, la mente se relaja.

En el primer ciclo mostramos diferentes métodos de relajación y diferentes tipos de respiración que nos pueden ayudar a cumplir los objetivos de toda relajación.

La capacidad de relajarse y adoptar una actidud armoniosa se puede aprender y se puede entrenar.

La práctica de los diferentes métodos de relajación, como el yoga y el método Schultz ayudan a tomar consciencia de cuándo hay tensión y cuándo no la hay. No es grave tener tensión, pero sí lo es no ser consciente de ello.

1. ¿Qué es la relajación? ¿Para qué sirve?

La relajación nos puede ayudar a concentrarnos y mejorar nuestro rendimiento escolar.

Relajar significa eliminar tensiones en el ámbito muscular y psicológico. Es contrario a la contracción y a la crispación. El sistema muscular y la psique están conectados.

Algunas de las ventajas asociadas a la práctica de la relajación son las siguientes:

- Mejora la concentración y, por lo tanto, el rendimiento escolar.
- Mejora la autodisciplina en las tareas escolares.
- Aumenta la capacidad de estudiar durante periodos más largos.
- Ayuda a mejorar la calidad del sueño si tenemos problemas en este aspecto. Si algún día tenemos insomnio, saber relajarnos puede ayudarnos a dormir.
- Reduce la ansiedad en general; en este aspecto es muy útil para los nervios y ansiedades asociados a exámenes.
- Tiene incidencias emocionales como:
  - Mejora las relaciones con los compañeros, los padres y los profesores.
  - Reduce los problemas emocionales externos que interfieren en los estudios.
  - Incrementa la flexibilidad para adaptarse a las condiciones del hogar y del colegio.
  - Reduce síntomas psicosomáticos como los dolores de cabeza, el mal de estómago y los tics nerviosos.
  - Mejora la capacidad de gestionar dificultades.
- Si practicamos deporte, mejora el rendimiento en las competiciones y nos ayuda a utilizar mejor la energía en los entrenamientos.

La vida cotidiana nos lleva a situaciones de nervios y estrés que podemos gestionar mejor si estamos relajados.

En la práctica deportiva es fundamental la relajación. Si estamos relajados estamos concentrados y mejora nuestro rendimiento.

2. La respiración

La respiración es la base de todo método de relajación. Mediante la respiración el **oxígeno** que, como sabemos, es el componente mayoritario de la masa de los seres vivos, llega a todo el cuerpo.

La respiración no es solamente una actividad de los pulmones. **Todo el organismo respira a través de los pulmones**. El que captura el oxígeno y expulsa el dióxido de carbono es el organismo entero. Sus miles de millones de células consumen oxígeno incansablemente para liberar glúcidos (azúcares), la energía necesaria e indispensable para llevar a cabo sus funciones.

Hay que concentrarse y practicar ejercicios para movilizar la caja torácica y los músculos que intervienen en la respiración. Respiramos de manera automática, y con el paso de tiempo hacemos el proceso de inspirar y espirar de manera incompleta y, en consecuencia, dejamos zonas sin ventilar.

> i
> La mala movilización de los músculos y aparatos que participan en la respiración puede crear contracturas en la espalda, con el dolor consiguiente.

Para mejorar nuestra respiración es necesario movilizar los músculos responsables.

Entre los músculos respiratorios encontramos:

- **músculos inspiradores:** diafragma, intercostales externos, serratos, escalenos, pectorales, subclavio y espinal.
- **músculos espiradores:** intercostales internos y músculos de la pared abdominal, como el transverso del abdomen, los oblicuos, el piramidal y el recto mayor del abdomen.

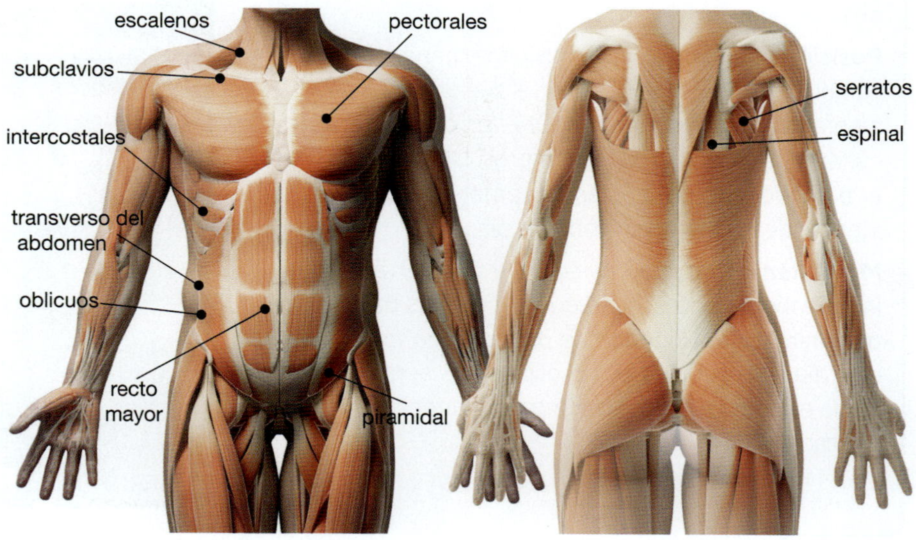

La respiración completa como acto consciente

En el primer ciclo trabajamos tres tipos de respiración: abdominal, torácica y clavicular. La respiración completa engloba los tres modos de respiración para hacer un único movimiento rítmico y amplio.

La respiración completa incluye los tres tipos de respiración en un único movimiento rítmico y amplio.

Según André van Lysbeth, autor de numerosas obras de referencia sobre el yoga y la relajación, la respiración consta de diversas fases:

1. Vaciamos completamente los pulmones mediante una espiración.
2. Con una inspiración lenta y profunda del vientre, dejamos entrar el aire en los pulmones. Cuando el abdomen está inflado y la parte inferior de los pulmones está llena de aire, las costillas se expanden, sin forzar, permitiendo que entre todavía más aire a los pulmones.
3. Cuando las costillas están separadas al máximo, alzamos las clavículas para hacer entrar un poco más de aire y así terminar de llenar los pulmones. Durante toda la inspiración el aire debe entrar progresivamente, sin sacudidas, y de manera continua.
4. Cuando los pulmones están llenos de aire, expulsamos el aire siguiendo el mismo orden de la inspiración, siempre lentamente, sin brusquedad ni esfuerzo. Al final de la espiración, el abdomen se encoge apreciablemente.
5. Volvemos a empezar la inspiración...

Cuando respiremos no debemos hacer ruido. Tanto la espiración como la inspiración deben ser silenciosas, lentas, continuas y cómodas, sin forzar nunca. Así es la respiración ideal.

En descanso, el cuerpo humano solamente necesita el **diafragma** y los **músculos intercostales** para respirar, pero frente a situaciones como la tos y el ejercicio físico el proceso de respiración se puede optimizar con músculos como los abdominales, los pectorales, los serratos y los escalenos, entre otros.

Practiquemos un **ejercicio** para ser conscientes de la respiración:

Posición inicial: nos sentamos de la manera más cómoda posible, con los pies en el suelo, la espalda bien apoyada y las manos sobre las rodillas para evitar tensión en brazos y hombros. Distribuimos el peso del cuerpo, nos aseguramos de que las piernas descansen bien sobre la silla.

Movimiento: inspiramos con los ojos cerrados, imaginando cómo el aire llega a todas las partes del cuerpo y el oxígeno nos proporciona toda la energía necesaria. Cuando espiramos sentimos cómo el cuerpo se limpia mientras soltamos el aire utilizado.

Podemos utilizar esta práctica en cualquier momento, pero es especialmente útil frente a situaciones estresantes como un día de examen, antes de un partido que nos haga sentir nerviosos, cuando debemos hablar o actuar en público, si nos enfadamos con alguien...

Más ejercicios

Los movimientos siempre deben ser lentos y rítmicos, conforme al ritmo respiratorio. En este tipo de ejercicio la respiración predomina sobre el movimiento y no a la inversa.

- **Posición inicial:** nos colocamos en posición supina, con los brazos al lado del cuerpo y las piernas flexionadas.

  Movimiento: cuando inspiramos, movemos los brazos hacia atrás, arrastrándolos sobre el suelo hasta llegar a juntar las manos detrás de la cabeza. Cuando espiremos, haremos el camino inverso, recogiendo los brazos hasta la posición inicial. Hacemos cuatro o cinco repeticiones.

- **Posición inicial:** nos colocamos en la posición del decúbito pronado.

  Movimiento: cuando inspiramos, alzamos el cuerpo y la cabeza a partir de la zona lumbar, y cuando espiramos, bajamos el cuerpo hasta la posición inicial. Hacemos cuatro repeticiones.

  Podemos variar la posición de los brazos: recogidos en la espalda y en cruz.

- **Posición inicial:** nos colocamos de pie de manera que sintamos el equilibrio en el centro del cuerpo.

  Movimiento: cuando inspiramos, alzamos los brazos y nos ponemos de puntillas, y cuando espiramos, bajamos flexionando las rodillas y sin que los talones toquen el suelo. Volvemos a inspirar levantándonos para reiniciar el ejercicio.

3. Métodos de relajación

Es habitual que el profesor de educación física utilice esta técnica como vuelta a la calma después de una sesión de actividad física.

La práctica de la relajación tiene una asociación ancestral con el antiguo Oriente. De ahí proceden el yoga, el tai chi, etc.

En Occidente esta práctica también se remonta a la antigüedad, pero en los años setenta se implantaron técnicas de relajación en el mundo universitario, donde se sistematizó cada técnica, para aplicarla a diferentes campos, como el de la salud física y mental, el de la educación (para prevenir hiperactividad, agresividad, violencia juvenil...) y el mundo de la empresa (contra el estrés, para prevenir accidentes y conflictos grupales, etc.).

- **Relajación progresiva de Jacobson**

  En las primeras décadas del siglo XX, Edmund Jacobson (médico, fisiólogo y psiquiatra) comprobó con sus pacientes que el estrés provocaba tensión muscular y, a su vez, generaba situaciones de ansiedad.

  Jacobson concluyó que la tensión provocaba el acortamiento de las fibras musculares, lo que hacía que los pacientes tuviesen dificultades a la hora de hacer un gran número de actividades. Añadió que, con la relajación, la tensión muscular mejora y la persona puede recuperar su estado físico óptimo y un estado psicológico armonioso.

  Con este objetivo ideó un método que consiste en **alternar la contracción y la relajación** siguiendo un recorrido ordenado: la mano, el brazo, el cuello, el pecho, el vientre, las piernas, los pies y la cara. Se trata de crear tensión o contraer con fuerza cada parte y, a continuación, relajarla.

- **Entrenamiento autógeno o método Schultz**

  El entrenamiento autógeno surge de los tratamientos que aplicó el Dr. Schultz (psiquiatra alemán) en tiempos de la Primera Guerra Mundial, para los pacientes con estrés y traumas de guerra, o bien que debían ser intervenidos quirúrgicamente sin anestesia ni instalaciones adecuadas.

  Consistía en enseñar al cuerpo y a la mente a responder a órdenes verbales de relajación para restablecer los procesos biológicos, mentales y emocionales perdidos.

  El entrenamiento autógeno consiste en **relajar gradualmente las partes del cuerpo** mediante una sensación de calma muy profunda, generada para inducir sensaciones de pesadez y de calor.

  En este entrenamiento utilizamos frases como «el brazo derecho pesa mucho...» aplicadas a cada una de las partes del cuerpo en el mismo orden que sigue el método de Jacobson (mano, brazo, pecho, abdomen...). La particularidad es que la inducción verbal también va dirigida a los órganos internos.

En una primera fase experimentamos una toma de conciencia de la musculatura mediante una sensación de peso y sensación de calor de los vasos sanguíneos; en una segunda fase (debe ser controlada por expertos) nos dirigimos al corazón (late poco a poco y con fuerza), a la respiración reposada, al abdomen con sensación de calor y a la cabeza con sensación descongestionante.

- **Masaje**

  Los griegos (500 a.C.) ya practicaban este método terapéutico y de relajación. Consiste en presionar o golpear rítmicamente la superficie del cuerpo con diferentes objetivos. Las técnicas de masaje han ido evolucionando a lo largo del tiempo y con resultados muy positivos para la relajación.

  En España, el masaje empieza con un médico naturista, el Dr. Ferrandis (1933), que inicia la primera escuela de quiromasaje.

- **Tai chi**

  Surge en la antigua China, en torno al siglo XIII. Es una secuencia de movimientos ejecutados simultáneamente el uno después del otro como si fuese uno solo.

  El tai chi consiste en desbloquear los puntos de tensión corporal y mental mediante los ejercicios y la respiración. Es un ejercicio muy suave en el que la mente se va quedando en blanco, pendiente de coordinar los movimientos.

Existen otros métodos de relajación: la eutonía de Gerda Alexander, el método Mézières, la meditación, la visualización...; pero nosotros nos centraremos en el desarrollo del **yoga** como práctica basada en las posturas y la respiración para alcanzar el equilibrio cuerpo-mente.

Pranayama, la respiración.

Estiramiento extremo de columna.

Apertura dorsal.

4. El yoga

El yoga se originó hace miles de años en la India. El término *yoga* significa 'unión': unión de la mente, del cuerpo y del espíritu.

La tradición del yoga incluye una amplia gama de corrientes y escuelas, pero nosotros trataremos el **hatha yoga**, que es el más practicado en Occidente por ser el más accesible. *Ha* significa 'sol' y *tha* significa 'luna'. Se trata de jugar con las dos energías para alcanzar el equilibrio.

El hatha-yoga es uno de los más practicados en Occidente.

Uno de los ejercicios centrales del yoga, tal y como se practica en la actualidad, son las posturas (asanas) y la respiración (pranayama). Pero el yoga implica todo un estilo de vida que implica observar pautas éticas, principios de vida y regímenes de alimentación. Por ello decimos que el yoga es una disciplina.

El yoga es adecuado para todo el mundo, indistintamente de la edad y del estado físico. Es independiente de las creencias, no se inscribe en ningún dogma ni religión, si bien tiene elementos en común con algunas tradiciones religiosas.

Principios generales del yoga

- **Respiración** (pranayama): unificación de los movimientos y la respiración, partiendo de la precisión.
  - Tomamos consciencia de los diferentes espacios respiratorios (craneal, torácico y abdominal).
  - Respiramos lentamente y sin esfuerzo.
  - Prestamos atención a la espiración.
- **Columna vertebral:** alineamiento y estiramiento vertebral.
  - Prestamos atención a las cervicales. Siempre deben estar libres, sin presión.
  - Fortalecemos la parte inferior del cuerpo (pelvis y piernas) y sensibilizamos la parte superior (hombros y cervicales).
  - Controlamos la postura.
- **Apertura de la parte dorsal:** desarrollo de la energía de los hombros, brazos y manos, prestando atención a las rotaciones y la proyección cervical.

Pranayama: la respiración del yoga

Facilitaremos las posibilidades que nos brinda la respiración, es decir, soplar, absorber, oler, vaciar, retener levemente... Buscaremos nuevos espacios que tengan en cuenta el control de entrada y salida del aire (progresivo, fuerte, lento, incidiendo en los finales, rápido, por la boca, inflando las mejillas...).

En yoga utilizamos la nariz para respirar, y no la boca, y trabajamos desde el control de la respiración lenta, suave y amplia, aprovechando todo su potencial.

Cuando inspiramos, primero debemos llenar de aire la parte inferior del abdomen, seguida por la parte media del abdomen y, en último lugar, el pecho. Cuando espiramos, primero sale el aire del pecho, seguido por el aire de la parte media del abdomen y, para finalizar, el aire de la parte inferior del abdomen. Físicamente, empujamos el abdomen hacia fuera cuando inspiramos aire y procuramos empujar el abdomen hacia dentro cuando espiramos. Debemos hacerlo, no obstante, sin esfuerzo.

Ejercicios respiratorios que podemos practicar

- Concentrarnos en la entrada y salida del aire por la nariz y el recorrido que sigue, desde que penetra hasta que se va.
- Inspirar y espirar por una única fosa nasal. Tapamos aquella que no utilicemos con un dedo, de manera que forzamos la inspiración y espiración por el orificio que queda libre. Practicar con dos orificios durante diversas respiraciones lentas y profundas.
- Inspirar por la fosa derecha, retener y espirar por la fosa izquierda. Activa el sistema nervioso.
- Inspirar, retener, espirar, retener. Este ejercicio aumentará nuestra oxigenación y favorece la concentración.
- Hacer respiraciones en las cuales la espiración dura más tiempo que la inspiración, lo cual es bueno para nuestra mente, favorece la calma.

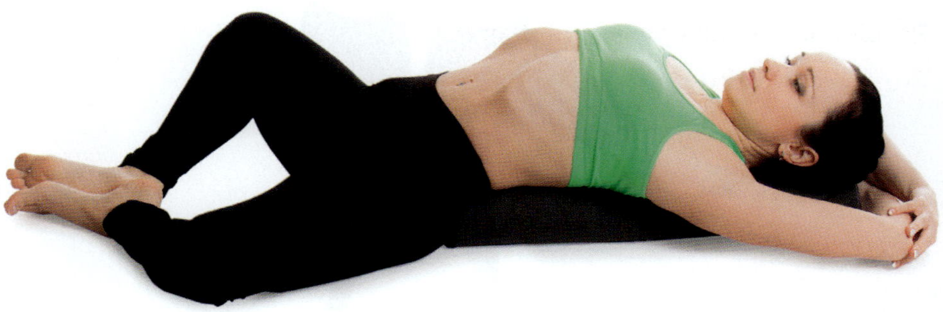

Inspiramos y retenemos.

i

El **prana** es la energía vital: la respiración.

i

Ser conscientes de la importancia de una respiración completa para nuestro cuerpo y experimentar con nuestra respiración contribuye a conocernos mejor.

Para respirar correctamente, inspiramos por la nariz y rellenamos en primer lugar el abdomen y, acto seguido, el pecho.

Inspiramos y espiramos por una sola ventana.

El objetivo esencial es la columna vertebral.

Una asana concentra la mente y mejora la capacidad respiratoria. Según el yoga, posibilita liberar energías bloqueadas.

La palmera.

Asanas

Constituyen el primero de los medios propuestos por el hatha yoga. Son posturas de estiramientos que movilizan zonas que no suelen estarlo, pero también incluyen ejercicios de fuerza y control cuyo objetivo es fortalecer zonas debilitadas. *Asana* significa 'postura'.

Son movimientos suaves que se ejecutan lentamente. Desde una posición inicial se llega a la fase estática de permanencia en la postura y, a continuación, se deshace la postura siguiendo el camino inverso. El tiempo de duración puede ir de 15 segundos a minutos. Cuanto más jóvenes sean los alumnos más corta será la duración para que no resulte aburrido.

Hay muchas asanas diferentes y algunas copian la postura de un animal con el objetivo de que la persona se identifique con este.

Asanas de colocación postural y equilibrio

Estas posiciones compensan pasar muchas horas sentados en posturas poco saludables.

- Corrigen y educan la columna vertebral, tonificando tanto los músculos como el sistema nervioso.
- Liberan los segmentos vertebrales y, de esta manera, alivian la espalda de dolores debidos a la adopción de malas posturas.

La silla.

El árbol.

Asanas de flexión

Son posiciones que estiran la musculatura posterior del cuerpo. Con esta movilización se obtienen los siguientes beneficios:

- Se estiran los músculos posteriores del cuerpo.
- Se produce un masaje interno de los órganos abdominales.
- Se regulariza la acción del corazón.
- En la sesión de yoga, preparan el cuerpo para las rotaciones y producen un efecto de compensación de las posturas de extensión.

Ejemplos de estas posiciones:

La pinza.

El arado.

La tortuga.

El perro boca abajo.

La cigüeña.

Asanas de extensión

Son posiciones que estiran los músculos de la parte anterior del cuerpo.

Los beneficios internos son:

- Se produce un masaje interno de los riñones.
- Se fortalecen los músculos pectorales.

Ejemplos de estas posiciones:

El pez.

La cobra.

La esfinge.

El camello.

El pequeño puente.

El puente.

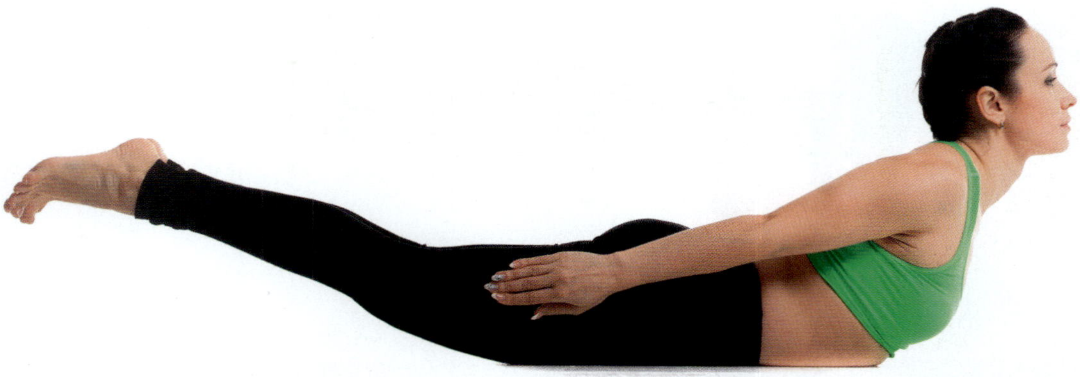

La langosta.

Asanas de torsión

Son posiciones que fortalecen los músculos abdominales y estiran la musculatura de la espalda. Los beneficios de estas asanas son:

- Tonifican los riñones.
- Estimulan los músculos del cuello.
- En la sesión de yoga preparan las posturas de extensión y otras rotaciones.

Ejemplos de estas posiciones:

Señor de los peces medio.

El triángulo.

Asanas de posturas inversas

Consisten en adoptar una postura corporal invertida y proporcionan los beneficios siguientes:

- Producen un masaje de los músculos del cuello y hombros.
- Aumentan el riego sanguíneo a la cabeza.
- Mejoran el retorno venoso.
- Estimulan las vías respiratorias.
- Favorecen la concentración.

Soporte sobre antebrazos.

Ejemplos de estas posiciones:

La vela.

La liebre.

El ángulo en tres pies.

Asanas de flexión lateral:

Estiramos los músculos intercostales y los de la cara lateral del muslo y del abdomen. Nos procuran los siguientes beneficios:

- Producen un masaje interno del hígado y el páncreas.
- En la sesión de yoga preparan las posturas de rotación, flexiones y extensiones.

Ejemplos de estas posiciones:

Estiramiento lateral.

Flexión lateral.

Asanas de fuerza

Son posiciones destinadas a aumentar la fuerza y la resistencia. Son ejemplos de estas posturas:

La tabla.

El sol.

El guerrero II.

Asanas de movilidad de la columna

Como su nombre indica, son posturas que hacen trabajar la columna. Son ejemplos las siguientes:

El gato.

Rotación en el suelo. Una vez estirados y con las rodillas flexionadas, desplazaremos estas a ambos lados alternativamente.

Vinyasa krama

Es una sucesión de movimientos sincronizados para la respiración.

Saludo al sol

El famoso «saludo al sol» es una sucesión encadenada de diversas posturas (asanas) que se completan entre sí y que se llevan a cabo sincronizadas con la respiración. Se combinan 12 asanas que movilizan la columna vertebral y su musculatura.

Esta secuencia se considera imprescindible en la práctica del yoga. Cuando la hayamos aprendido, nos concentraremos en la respiración, de manera que cada postura se ejecutará con una respiración completa excepto por la quinta asana, en la que se retendrá la respiración.

Los beneficios del saludo al sol son:

- Aporta flexibilidad a la columna vertebral.
- Proporciona un masaje saludable a los órganos internos.
- Mejora el equilibrio y la coordinación.
- Mejora la concentración.

Posición inicial: de pie, con los brazos pegados al cuerpo, inclinamos un poco la cabeza hacia atrás e inspiramos aire.

1. Juntamos las manos a la altura del pecho mientras hacemos una profunda espiración (en actitud de respeto hacia el sol).
2. Levantamos los brazos por encima de la cabeza e inclinamos el tronco ligeramente hacia atrás mientras inspiramos.
3. Inclinamos el tronco hacia delante, bajamos la cabeza y colocamos las manos en el suelo, o lo más cerca del suelo que podamos, mientras espiramos.
4. Estiramos la pierna derecha hacia atrás, hasta que la rodilla toque el suelo, mientras inspiramos; la pierna izquierda permanece flexionada hacia delante y las manos están en el suelo.
5. Colocamos la pierna izquierda hacia atrás y la unimos a la derecha. Las manos permanecen en el suelo. Retenemos el aire.
6. Flexionamos los codos, permitiendo que la barbilla, el pecho y las rodillas toquen el suelo, mientras espiramos.
7. Con los muslos apoyados en el suelo, elevamos el tronco, arqueándolo, mientras inspiramos.
8. Elevamos el cuerpo apoyándonos sobre las manos y los pies mientras espiramos.
9. Adelantamos la pierna derecha, flexionándola, de forma que la rodilla izquierda quede en contacto con el suelo y nos apoyemos con las manos en el suelo y los brazos estirados, mientras inspiramos.
10. Situamos la pierna izquierda a la altura de la derecha, manteniendo las piernas estiradas, y acercamos la cara a las rodillas mientras espiramos.
11. Alzamos el tronco y situamos las manos juntas por las palmas a la altura del pecho mientras inspiramos.
12. Bajamos los brazos y volvemos a la posición de partida, mientras espiramos.

Otras concatenaciones de figuras son, por ejemplo, «el vuelo del águila», la «secuencia de la golondrina» y el «saludo este-oeste».

Secuencia del «saludo al sol».

¿Sabías que...?

- Según la creencia de los **yoguis**, la esperanza de vida está relacionada con la frecuencia respiratoria. De este modo, la tortuga, que es un reptil, respira muy lentamente y tiene una vida larga. En cambio, un pequeño mamífero, como la rata, respira más rápidamente y su vida es más breve. Por lo tanto, los yoguis creen que si aprendemos a respirar más despacio, aumentaremos nuestros años de vida.
- Cuando nos relajamos, la frecuencia cardíaca se ralentiza, lo cual implica una menor carga de trabajo sobre nuestro corazón y una vida más sana.

Glosario

Yogui: persona que practica el yoga.

Adquisición de saberes

- Autorregulación emocional: control de estados de ánimo y estrategias de gestión del fracaso en situaciones motrices.
- Habilidades volitivas y capacidad de superación.
- Habilidades sociales: estrategias de negociación y mediación en contextos motrices.

Actividades finales

a. Conceptos y conocimientos

1. Completa en tu libreta las frases siguientes con las palabras que aparecen a continuación:

concentración, eliminar tensión, de estudiar, contracción, aprender y entrenar, crispación, muscular, flexibilidad, respiración

- La capacidad de relajarse y adoptar una actitud armoniosa se puede _____.
- *Relajar* quiere decir _____ en el ámbito muscular o psicológico. Es contrario a la _____ y completamente contraria o la _____.
- Para relajarnos debemos incidir sobre el sistema _____ y la psique.
- En general, los métodos de relajación van asociados a la _____ (elimina tensión) y la _____.
- Si somos capaces de relajarnos mejoraremos la _____; por tanto, estaremos menos dispersos y aumentaremos la capacidad _____.

2. Indica en tu libreta si los siguientes músculos son inspiratorios o espiratorios:

oblicuos		intercostales	
diafragma		músculos de la pared abdominal	
abdominales transversos		serratos	
pectoral		escalenos	

- En el listado anterior indica cuáles son los dos músculos principales que participan en el proceso de la respiración.

3. Dibuja en tu libreta un tronco superior del cuerpo humano e identifica los músculos del ejercicio anterior en la figura.

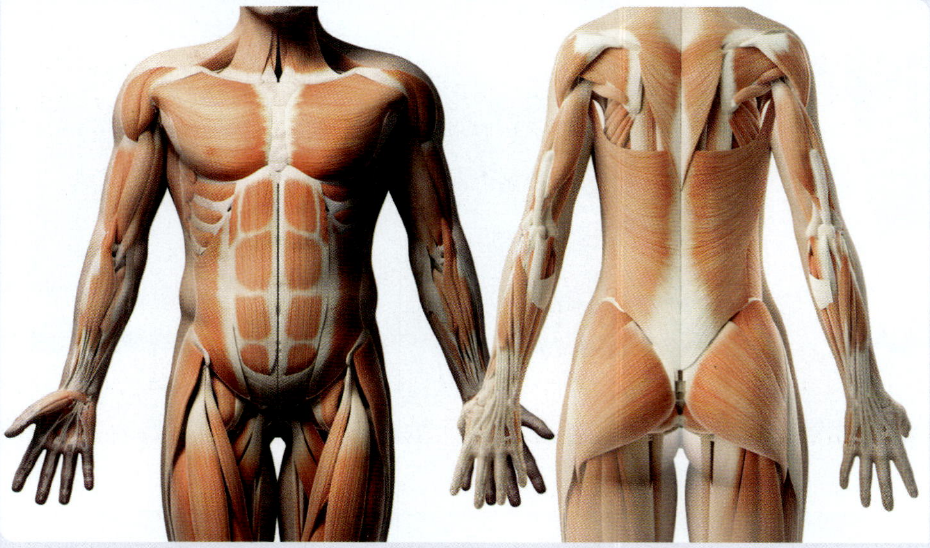

4. Explica con tus propias palabras los pasos de una respiración completa.

5. Describe en pocas palabras en qué consisten los siguientes métodos de relajación: método Schultz, relajación de Jacobson y tai-chi.

6. Responde las cuestiones siguientes sobre el yoga:

- ¿Cuáles son los principios generales de las posturas del yoga?
- ¿Cómo se respira en el yoga?
- ¿Cuál es el objetivo principal de una asana?

b. Practica y valora

7. Por parejas, practicad de manera consciente la respiración completa de Van Lysbeth. Uno de los miembros de la pareja lee lentamente y el otro va interiorizando el ejercicio mientras respira. Si algún día no puedes dormir, concéntrate tanto como puedas para hacer esta respiración completa y verás como te ayuda a relajarte.

8. Aprende el «saludo al sol» con la ayuda del profesor. Cuando la hayas aprendido, juntaos en grupos de 4 y uno de los miembros del grupo hará de monitor para guiar la realización de la serie completa.

9. Busca diversos tipos de música que te sirvan para relajarte; por ejemplo, antes de irte a dormir. Con la música que hayas elegido, practica el siguiente ejercicio antes de irte a dormir:

Postura:

Te tienes que estirar con la tripa al aire, con las piernas flexionadas para que la columna vertebral quede recta y las lumbares pegadas al suelo. Los brazos tienen que estar estirados a ambos lados del cuerpo con las palmas de las manos boca abajo o sobre las piernas. Si fuera necesario, se puede colocar un cojín bajo la cabeza. Evita cualquier tipo de interrupción. Se tiene que entender el tiempo de relajación como un tiempo de dedicación personal para uno mismo que no admite interrupciones.

Inicio de la relajación:

Relájate con los ojos cerrados para aislarte de los estímulos externos y escuchar únicamente la música que hayas elegido. Intenta tomar conciencia de la respiración procurando dejar la mente en blanco y concéntrate solo en sentir el cuerpo.

10. Comienza a hacer la respiración diafragmática:

- Inspira tomando aire por la nariz.
- Dirígelo hacia los pulmones y la zona baja del abdomen de manera que la tripa se infle.
- Expira y expulsa el aire por la boca, poco a poco, desinflando el abdomen.
- Continúa con los ojos cerrados. Toma conciencia de la colocación de cada parte de tu cuerpo en el espacio.
- Haz tres respiraciones profundas: supraclavicular, intercostal y diafragmática.
- Visualiza paisajes o situaciones agradables. Deja la mente en blanco, y si un pensamiento se hace presente, déjalo pasar.
- Cuando estés relajado y tranquilo haz un **recorrido con el pensamiento por tus articulaciones** intentando relajarlas una por una. Comienza por los tobillos y sigue por las rodillas, las caderas, los hombros, el cuello, etc., hasta intentar dormir.

Bloque 5

Interacción eficiente y sostenible con el entorno

El conocimiento de algunas actividades que se pueden practicar en el medio natural nos permite disfrutar del tiempo libre con amigos y compañeros.

En el medio natural podemos llevar a cabo muchas actividades físicas diferentes de las que solemos practicar habitualmente en la escuela y, además, disfrutar de lugares especiales, alejados de los núcleos urbanos.

No hay que olvidar, sin embargo, que es necesario minimizar el impacto de nuestras actuaciones en la naturaleza, evitando degradar el medio y realizando actividades que favorezcan la sostenibilidad de la zona.

Unidad

12. La bicicleta

Reto

Crear un circuito vial para bicicleta

Ya sea como medio de transporte en la ciudad o como herramienta para la práctica deportiva, el ciclismo es una práctica que cada vez tiene más adeptos.

12

La bicicleta

#Pedalea

La bicicleta es una máquina muy eficiente que nos permite desplazarnos. Es un invento divertido, respetuoso con el medio ambiente, económico y que prácticamente todo el mundo sabe utilizar.

Este invento ha tenido diferentes usos a lo largo de la historia: para desplazarse, para hacer turismo, para hacer ejercicio y para divertirse.

Actualmente se ha divulgado en vertientes lúdicas y competitivas que le han dado formas específicas muy diferentes.

1 Planificar los elementos del circuito

2 Ensayar el circuito en el centro

3 Llevar a cabo el circuito fuera del centro

4 Valorar el reto realizado

Reto

Crear un circuito vial para bicicleta

En este reto le proponemos la planificación, creación y práctica de un circuito en bicicleta. Para desarrollarlo, deberéis tener en cuenta una serie de elementos que primero practicaréis en el instituto y luego llevaréis a cabo fuera del centro.

El objetivo del reto, pues, es doble. Por un lado, aprender y practicar las habilidades necesarias para llevar a cabo los elementos y por otro, valorar las posibilidades de la bicicleta como una forma de ocio y de actividad deportiva en un entorno natural o urbano.

1. Partes de la bicicleta

1 Planificar los elementos del circuito

Planificad un circuito con los diferentes elementos que se proponen en el recurso «Circuito en bicicleta».

Estos elementos están pensados para practicar habilidades que le permitan circular en bicicleta, como el equilibrio, la precisión, la maniobrabilidad o la señalización.

Elegid en qué lugar del centro los llevaréis a la práctica y preved qué componentes necesitaréis para hacerlo (conos, portería, tablones, etc.).

El tamaño de una bicicleta debe ser proporcional al tamaño de quien la conduce. Por ello podemos ajustar la altura del asiento y la posición del manillar.

Para calcular la medida correcta, la rodilla de la pierna estirada debe quedar completamente recta. Científicamente, la distancia entre el sillín y el pedal debe ser equivalente a la distancia entre la planta del pie y el principio de nuestra pierna.

2. Mantenimiento básico

La bicicleta es un vehículo que es necesario mantener en buenas condiciones; por eso hay que llevar a cabo ese mantenimiento y garantizar así que funciona correctamente y la podemos utilizar con toda seguridad.

Sistema de transmisión.

Puntos de revisión:

- Dirección:
  - distancia y altura del manillar
  - juego del manillar
- Sistema de frenado:
  - inclinación y distancia de las manetas de freno
  - control del desgaste y ajuste de las mordazas o pastillas de freno
  - ajuste de la tensión de los cables de freno (anterior y posterior)
- Sistema de transmisión:
  - limpieza de la cadena
  - control de la tensión de la cadena
  - nivel de grasa de los desviadores y las manetas de cambio
- Ruedas:
  - alineación
  - presión de los neumáticos
  - estado de los radios
- Asiento:
  - nivel de grasa y fijación del vástago

El mantenimiento de las ruedas incluye una correcta presión de los neumáticos.

Limpieza

Una forma de minimizar el desgaste y prolongar la vida de la bicicleta es limpiarla cuando lo requiera. Los puntos que hay que limpiar especialmente suelen ser los sistemas de frenado y transmisión.

Partes del sistema de frenado.

2 Ensayar el circuito en el centro

Para llevar a cabo esta tarea, distribuíos por parejas. Uno de los dos llevará a cabo el circuito que habéis planificado en la tarea anterior, mientras que el otro hará una observación y anotará las incidencias que haya. Después, intercambiad los papeles.

Si alguno de vosotros no puede realizar la actividad porque está lesionado o por discapacidad, puede adoptar el papel de controlador o de agente urbano.

Sistema de transmisión con nueve piñones.

3. Técnica básica

- La postura correcta de conducción evitará molestias como contracturas musculares, y dolores de espalda y de rodillas. Esta postura depende de diferentes parámetros que se pueden regular en la bicicleta:
  - La altura del asiento, de manera que permita tocar el suelo de puntillas y, al mismo tiempo, pedalear con una extensión de piernas cómoda. Posiblemente habrá que probar diferentes alturas hasta encontrar la que más convenga.
  - La posición de avance del asiento. También se puede regular para encontrar el punto de equilibrio que valga tanto para subidas (avanzado) como para bajadas (atrasado).
  - La distancia entre el manillar y el asiento. Si el asiento queda alto, la posición es más cómoda, pero si se coloca más bajo y avanzado, la postura que se adopta es más eficiente para conducir.

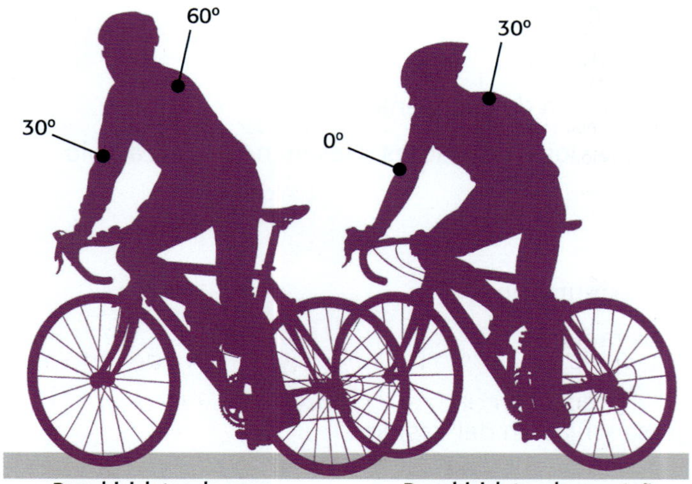

Para bicicletas de paseo. **Para bicicletas de montaña.**

- El cambio. Si se combinan correctamente los platos y los piñones con el cambio, se hará más cómoda la conducción y no se forzará el desgaste de la cadena. El cuadro siguiente te puede orientar:

Tramos con subidas: plato pequeño y piñón grande.

Tramos llanos: plato y piñón medianos.

Tramos con bajadas: plato grande y piñón pequeño.

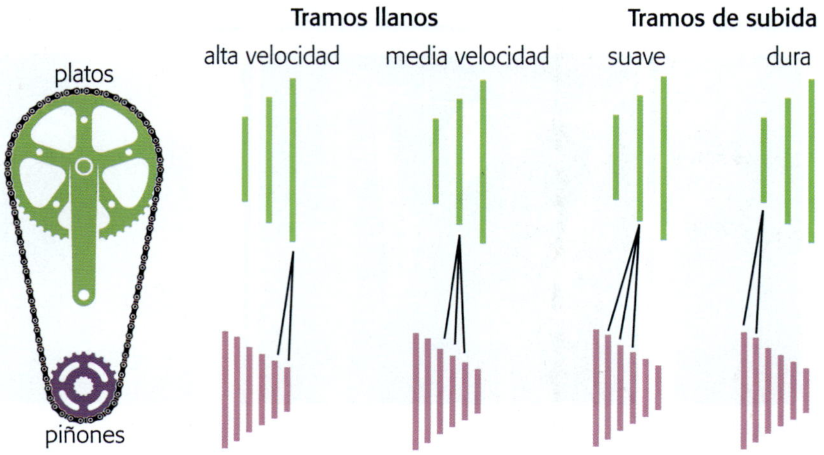

- Partes del cuerpo que intervienen. Si se conduce una bicicleta de la medida adecuada y se ha regulado bien, en una buena posición de manejo, hay que prestar atención al movimiento de piernas, para evitar separar las rodillas fuera del plano de pedaleo. También hay que coger bien el manillar, de manera cómoda y firme a la vez.

Al circular en bicicleta debemos adoptar la postura correcta para evitar errores como la separación excesiva de las piernas.

El manillar debe agarrarse de forma cómoda y firme a la vez.

4. Normas de uso

La bicicleta es un vehículo y, como tal, está sujeto al *Reglamento general de circulación*, que también regula su circulación por la vía pública.

Además, hay localidades donde las ordenanzas municipales también regulan la circulación de bicicletas.

A la izquierda, señal de carril bici. A la derecha, señal de prohibición de circulación para bicicletas.

Las normas más importantes son las siguientes:

- Las bicicletas deben circular por la calzada o el carril bici en caso de que los haya. Deben respetar el sentido del carril y todas las señales de tráfico, incluyendo los semáforos.
- La velocidad máxima a la que pueden circular es de 45 km/h.
- Para poder ser vistos, es necesario llevar reflectantes homologados y, de noche, luces de posición frontal y posterior. La norma también obliga a llevar timbre, importante para hacer notar la presencia de la bicicleta.
- En vías urbanas es obligatorio el uso del casco para chicos y chicas de hasta dieciséis años, y muy recomendable para el resto.

Un ciclista circula por el carril bici.

Muchas ciudades ofrecen un servicio de alquiler de bicicletas totalmente homologadas.

- Fuera de las vías públicas, si se circula por el campo, no hay que olvidar el respeto al medio natural. Por ello es recomendable pasar por caminos marcados y no ir campo a través.

Un poco de historia

El primer antecedente de la bicicleta es el esbozo de un vehículo de dos ruedas con cadena de transmisión, dibujado por Leonardo da Vinci alrededor de 1490.

La primera bicicleta con pedales que se construyó se atribuye a Kirkpatrick Macmillan en 1839, pero como no la patentó, fue copiada en 1846 por Gavin Dalzell.

Hacia 1890, el inglés John Boyd Dunlop inventó la cámara hinchable y el neumático, que no ha variado mucho hasta ahora.

Modelo de bicicleta Clipper Light Roadster de 1890.

3 Llevar a cabo el circuito fuera del centro

En grupos de 4 cread vuestro circuito fuera del centro aprovechando los obstáculos que os encontréis o fabricándolos vosotros mismos. Una vez esté preparado, llevadlo a cabo y filmad su realización con el móvil. Después, editad y compartidlo con los otros grupos con las siguientes características:

- Título del vídeo.
- Explicación de las habilidades.
- Nombre de los participantes.

¿Sabías que...?

- Las ruedas de las bicicletas suelen tener treinta y seis radios. Pueden llevar menos para hacerlas más ligeras, o más para cargar más peso, como por ejemplo una rueda de tándem.
- La relación entre el número de vueltas del piñón por cada vuelta del plato se denomina *relación de transmisión*.

La relación de transmisión es el número de vueltas que da el piñón por cada una que da el plato.

Las ruedas de la bicicleta suelen tener treinta y seis radios.

4 Valorar el reto realizado

Rellena el recurso «Parrilla de Autoevaluación» para valorar tu trabajo en la realización del circuito. Marca el número que creas que mereces (1 es nada y 4 es totalmente).

He participado en el diseño de los elementos del circuito.	1	2	3	4
He realizado los elementos del circuito en el centro con corrección.	1	2	3	4
He participado en la creación y ejecución del circuito fuera del centro.	1	2	3	4
He contribuido a la filmación y edición del vídeo.	1	2	3	4

Actividades finales

a. Conceptos y conocimientos

1. Anota en tu libreta para qué tipo de terreno usaremos cada una de las siguientes configuraciones de plato/piñón:

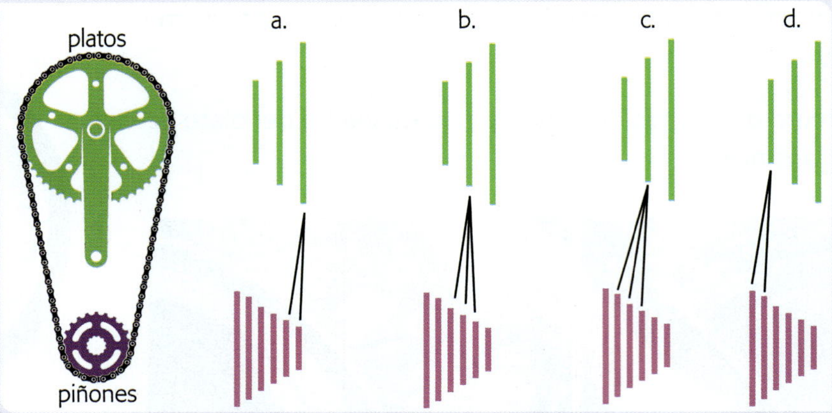

2. Copia y completa los enunciados en tu libreta.

- El ____ de una bicicleta debe ser proporcional al de quien la conduce. Por ello podemos ajustar la altura del ____ y la posición del ____.
- La postura correcta de conducción evitará molestias como ____, y dolores de espalda y de ____.
- Hay que prestar atención al movimiento de piernas, para evitar separar las ____ fuera del ____. También hay que coger bien el ____ de manera cómoda y firme a la vez.
- La bicicleta es un ____ y, como tal, está sujeta al Reglamento General de ____, que también regula la circulación de las bicicletas por la vía pública.
- Además, hay localidades donde las ____ también regulan la circulación.
- Las bicicletas deben circular por la ____ o por el ____ en caso de que lo haya. Deben respetar el ____ del carril y todas las ____ de tráfico, incluyendo los ____.

3. Indica en tu libreta si los siguientes enunciados son verdaderos o falsos:

- La velocidad máxima a la que puede circular la bicicleta es de 80 km/h.
- Para poder ser vistos, hay que llevar reflectantes homologados y, de noche, luces de posición frontal y posterior.
- La norma no obliga a llevar timbre, pero recomienda hacerlo, porque es útil para hacer notar nuestra presencia.
- En vías urbanas es obligatorio el uso del casco para chicos de hasta dieciséis años, y muy recomendable para el resto.
- Fuera de las vías públicas, si circulamos por el campo, al llevar ruedas delgadas no hay que preocuparse por el medio natural y podemos ir campo a través.

4. Enumera en tu libreta los puntos de revisión de la bicicleta y agrúpalos en un cuadro como el siguiente:

Dirección	Frenado	Transmisión	Ruedas	Asiento

b. Pensando en mí

5. Practica.

Sube a la bicicleta y recorre un tramo de unos 1 000 m con las condiciones técnicas que se indican en las tablas siguientes, y anota en tu libreta el tiempo y la dificultad de cada trayecto:

Terreno llano		
Desarrollo	**Dificultad**	**Tiempo**
Plato grande y piñón pequeño		
Plato mediano y piñón central		
Plato pequeño y piñón grande		

Terreno en bajada		
Desarrollo	**Dificultad**	**Tiempo**
Plato grande y piñón pequeño		
Plato mediano y piñón central		
Plato pequeño y piñón grande		

Terreno en subida		
Desarrollo	**Dificultad**	**Tiempo**
Plato grande y piñón pequeño		
Plato mediano y piñón central		
Plato pequeño y piñón grande		

6. Calcula los tres desarrollos que se han utilizado, según la siguiente fórmula:

$$\text{Desarrollo} = \frac{\text{perímetro de la rueda} \times \text{n.º de dientes del plato}}{\text{n.º de dientes del piñón}}$$

	Desarrollo
Plato grande y piñón pequeño	
Plato mediano y piñón central	
Plato pequeño y piñón grande	

1. El sistema muscular

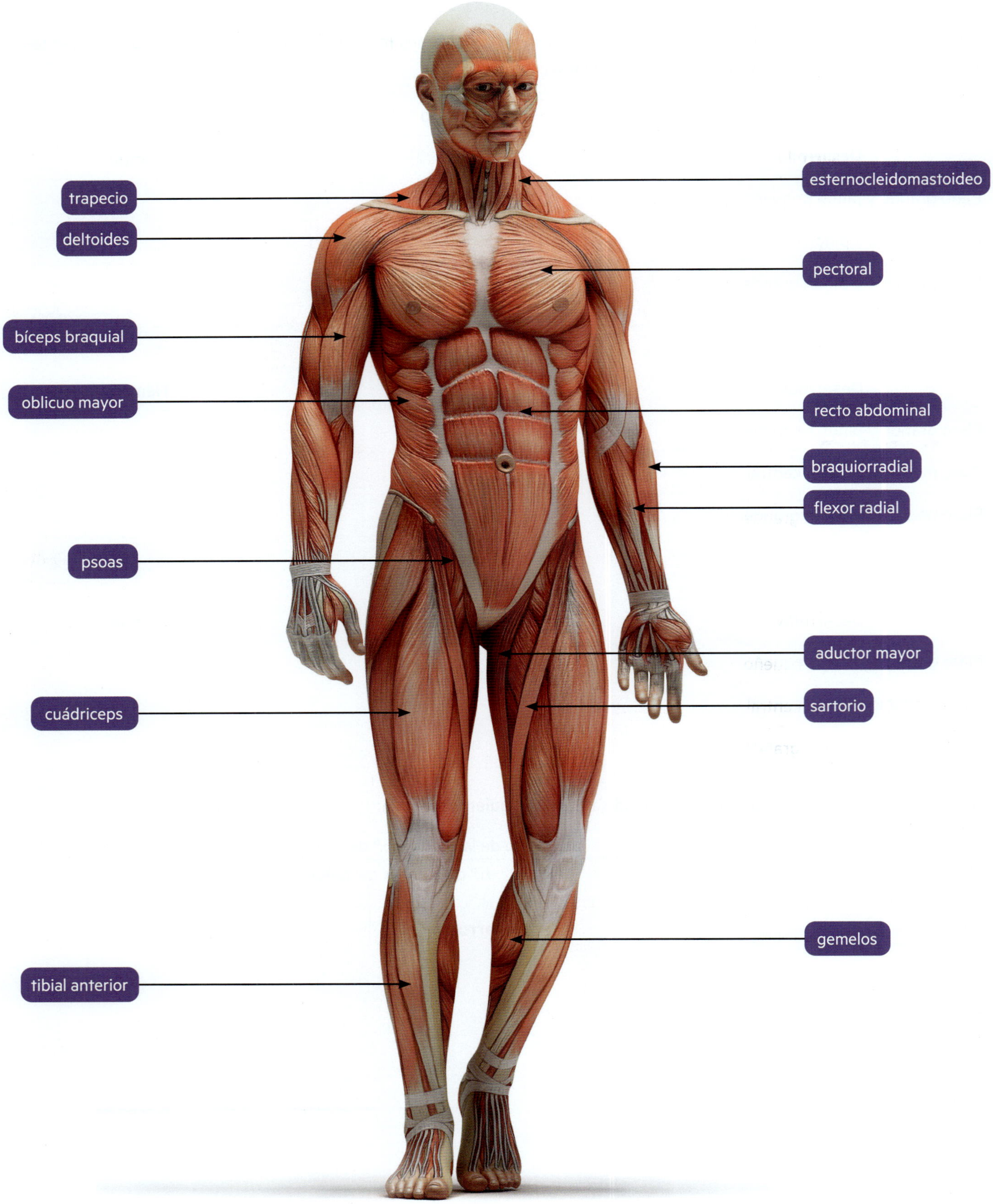

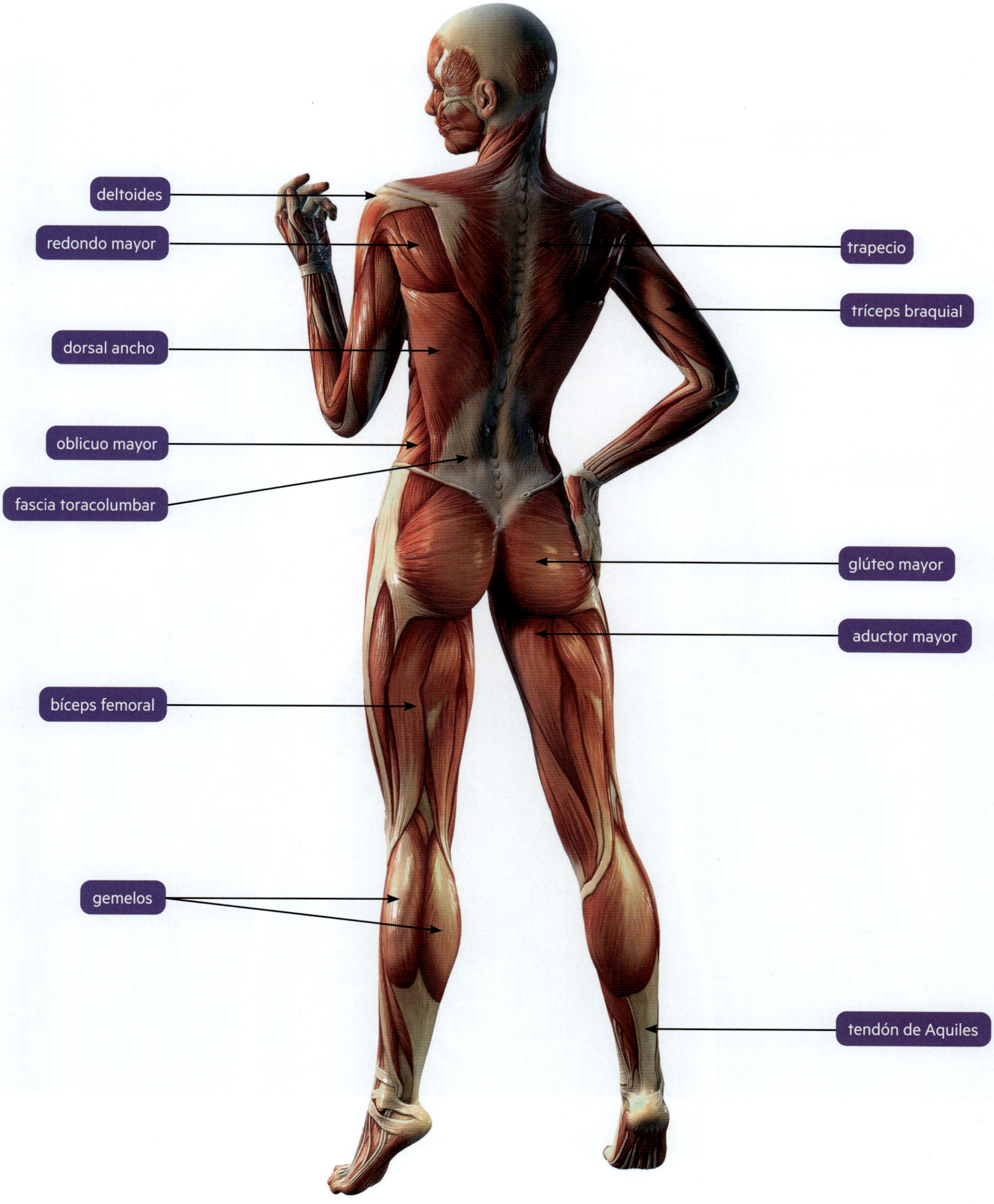
deltoides
redondo mayor
dorsal ancho
oblicuo mayor
fascia toracolumbar
bíceps femoral
gemelos
trapecio
tríceps braquial
glúteo mayor
aductor mayor
tendón de Aquiles

2. El aparato respiratorio

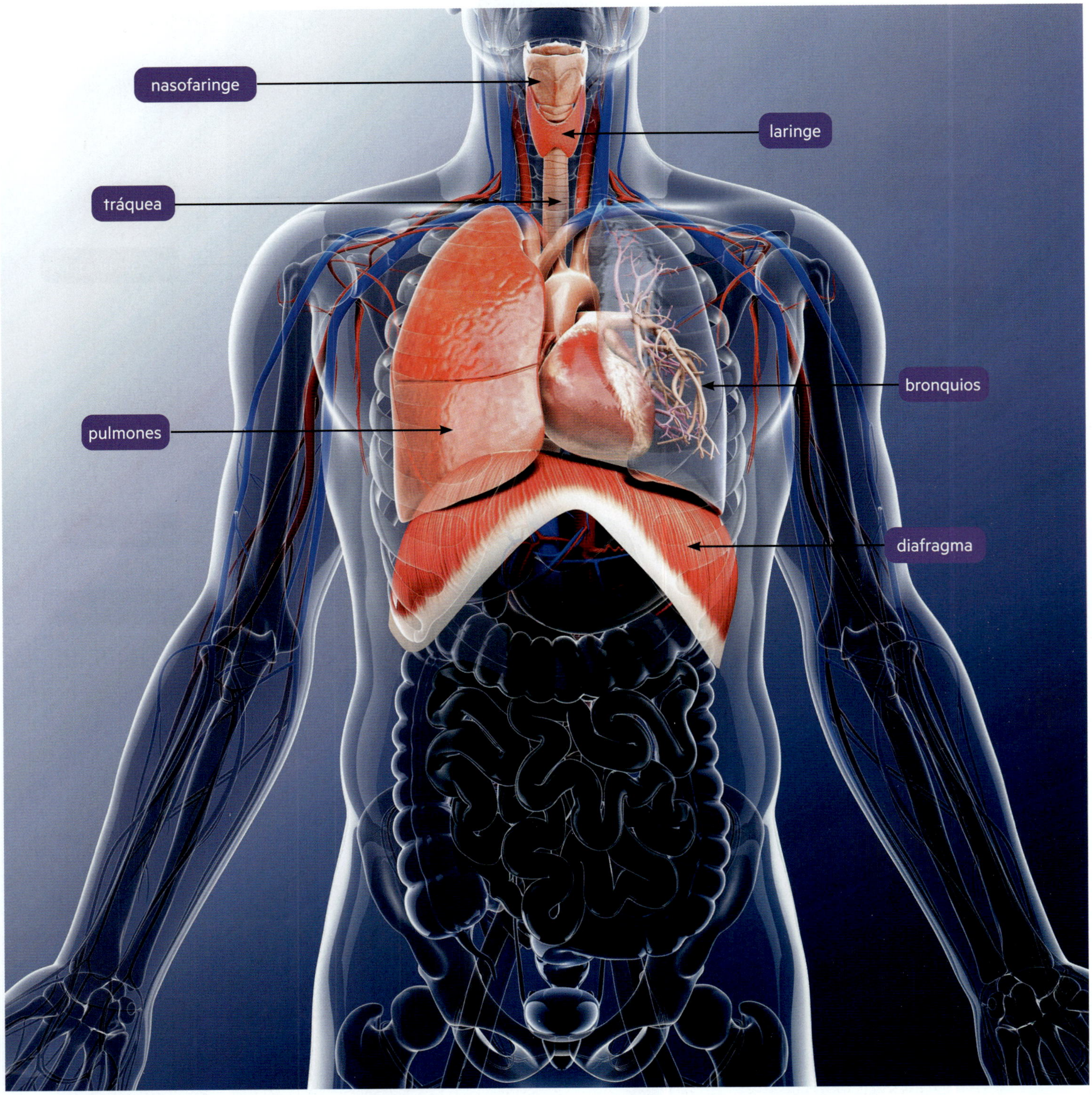

3. El aparato cardiovascular

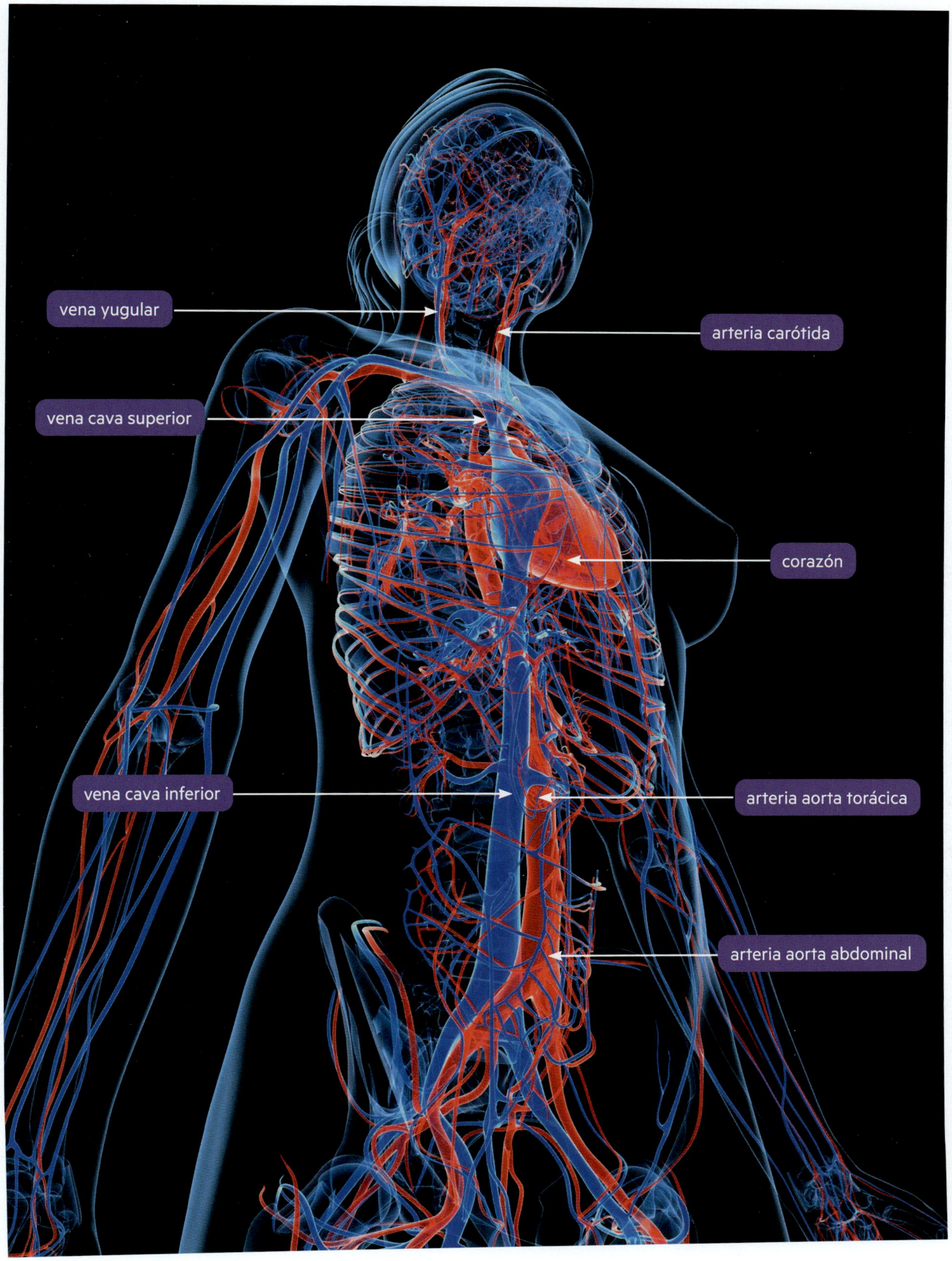

Advertencia
De acuerdo con la ley, este libro de texto no es un material fungible; por lo tanto, los ejercicios propuestos no deben ser resueltos en él, sino en el cuaderno del alumnado. Si en el libro se dejan espacios en blanco, recuadros vacíos o líneas de puntos, es simplemente para que el alumnado tenga un modelo o una pauta de resolución.

Cubierta
La Page

Maquetación
Admagraf

Coordinación
R. Rahola

Ilustraciones
J. Pejoan

Fotografías
AGE Fotostock, Archivo Teide, Corbis, Dreamstime, Getty Images, Shutterstock

Primera edición, 2022

info@editorialteide.com
www.editorialteide.com

ISBN: 978-84-307-7419-7
Depósito legal: B 9450-2022
Impreso en Arlequin & Pierrot SL